Elke Werner
Bei Dir bin ich zuhause

W0073287

www.fontis-verlag.com

## Bei dir bin ich zu Hause

Bei dir bin ich zu Hause
Das habe ich erlebt
Du schenkst mir Kraft für jeden Tag
Die Kraft, die mich erhebt

Bei dir bin ich zu Hause
Das habe ich erzählt
Du bist mein Anfang und mein Ziel
Der Gott, der mich erwählt

Bei dir bin ich zu Hause
Das habe ich entdeckt
Du zeigst mir, Herr, mein wahres Ich
Du siehst, was in mir steckt

*Roland Werner*

Elke Werner

# Bei Dir bin ich zuhause

BRUNNEN BASEL

**Bibliografische Information der Deutschen Nationalbibliothek**
Die Deutsche Nationalbibliothek verzeichnet diese Publikation in der
Deutschen Nationalbibliografie; detaillierte bibliografische Daten sind im
Internet über www.dnb.de abrufbar.

das buch = das buch. Neues Testament und Psalmen
© 2009, 2014 SCM R. Brockhaus, Witten
EÜ = Einheitsübersetzung © 1980 Katholische Bibelanstalt, Stuttgart
Hfa = Hoffnung für alle © 1983, 1996, 2002, 2015 Biblica, Inc.®,
hrsg. von Fontis – Brunnen Basel
Luther = Lutherbibel © 1984, 1999 Deutsche Bibelgesellschaft, Stuttgart

© 2016 by Fontis – Brunnen Basel

Umschlag: Spoon Design, Olaf Johannson, Langgöns
Umschlagbild: bruniewska/Shutterstock
Satz: InnoSet AG, Justin Messmer, Basel
Druck: Finidr
Gedruckt in der Tschechischen Republik

ISBN 978-3-03848-076-1

# Inhalt

# Vorwort:
# Nach Hause kommen …

Auch wenn ich den Film von Steven Spielberg nie ganz gesehen habe, die Szene, in der E.T. in der deutschen Fassung die Worte «nach Hause» so sehnsuchtsvoll ausspricht, ist mir vor Augen. Doch wo ist *mein* Zuhause? Das frage ich mich manchmal. Ist es immer gerade da, wo ich übernachte? Oder gibt es mehr als die Bindung an den Schlafplatz? Und was hat Gott damit zu tun?

In diesem Buch geht es um ganz verschiedene Aspekte des Lebens als Christ. Ich berichte von meinen Erfahrungen auf meinen Reisen in alle Welt und erzähle von dem, was mich dabei bewegt. «Erlebt» und «Erzählt», so sind diese beiden Teile überschrieben.

Im dritten Teil des Buches mit der Überschrift «Entdeckt» geht es mir um wichtige Aspekte eines Lebens als Christ, ganz konkret in dieser Welt, aber auch eines Lebens, das mit dem Blick in die Ewigkeit geführt wird. Denn dort, bei Gott, ist unser eigentliches und auch letztes und ewiges Zuhause. Und jetzt schon sollen unser Leben und unser Glaube die Wirklichkeit und Schönheit dieses neuen, ewigen Lebens widerspiegeln.

Ich nehme Sie in diesem Buch mit auf einige Reisen, nach Afrika und Asien, nach Jamaika und Leipzig – und in meine

Heimatorte Duisburg und Marburg. Vor allem aber möchte ich Sie hineinführen in eine ganz persönliche Begegnung mit Gott, der es wirklich gut mit uns meint. Sind Sie bereit?

*Elke Werner*

Teil 1:

# Erlebt

# Kapitel 4
# Bei dir bin ich zu Hause

Mein erstes Zuhause war bei meiner Familie in einer kleinen Wohnung in Duisburg-Meiderich, einem Arbeiterviertel, das im Krieg von Bomben zerstört worden war. Wir Kinder fanden die Trümmerfelder in unserer Umgebung toll, weil sie viel Raum zum Spielen und für aufregende Abenteuer boten. Direkt neben unserem Haus und auch an der Ecke unserer Straße gab es solche Felder, in denen wir die Butterblumen für unsere Haarkränze fanden, auf denen aber auch ab und zu der Zirkus gastierte. Sehr gerne bauten wir uns aus den dort herumliegenden Ziegelsteinen kleine Häuser, indem wir die Steine wie Umrisse der Räume auf den Boden legten und jedem so entstandenen Raum einen Namen gaben: Wohnzimmer, Küche usw. Ein mit viel Fantasie entstandenes zweites «Zuhause».

### Gern zu Hause

Als Kind war ich jemand, der gerne zu Hause war. Kein Stubenhocker, aber sehr gerne am gleichen Ort. Vielleicht lag es daran, dass meine Eltern kein Geld für Reisen hatten und wir nur wenige Male in meiner Kindheit überhaupt Urlaub machten, und zwar in der Nähe von Paderborn. Jedes Mal hatte ich vorher große Ängste; jedes Mal war ich froh, hinterher wieder zu Hause zu sein. Vielleicht hat das noch mit den Kriegserfahrungen meiner Eltern zu tun, die sich auf mich als Kind übertragen haben.

Ich bin nicht gerne gereist. Die Klassenfahrt nach Saalbach-Hinterglemm zum Skifahren oder später die Abiturreise nach Paris kosteten mich im Vorfeld viele schlaflose Nächte. Ich hatte Angst um mein Zuhause. Ich wollte es nie verlieren. Es war der Ort, an dem ich mich bedingungslos geliebt wusste, sicher und geborgen war, ermutigt und gefördert wurde.

Als nach dem Abitur die Frage nach einem Studienplatz anstand, blieb ich in Duisburg und wohnte weiterhin zu Hause. Nicht zuletzt aus Kostengründen. Aber sicher auch, weil ich mich dort so wohl fühlte.

Zum Referendariat zog ich dann nach Marburg in meine erste eigene kleine Wohnung. Roland studierte dort. Wir waren verlobt, und das Verliebtsein half mir über den Trennungsschmerz von meiner bisherigen Heimat hinweg. Marburg wurde nun mein Zuhause und ist es bis heute geblieben. Auch wenn wir mehrmals innerhalb der Stadt umgezogen sind, ist diese mittelalterliche Universitätsstadt ein Ort, an dem ich gerne lebe. Marburg ist meine Basisstation, von der aus ich heute meine vielen Reisen unternehme.

### Wie eine zweite Heimat

Zu Hause: Durch Rolands Sprachforschungsarbeiten sind wir fast jedes Jahr für einige Zeit im Orient unterwegs. Manche Orte dort sind mir so vertraut wie eine zweite Heimat. Ich habe in Ägypten und im Sudan – natürlich immer wieder mit großen Unterbrechungen – zusammengerechnet schon mehrere Jahre gelebt. Und weil wir als Christus-Treff seit 1993 ein Gästehaus in der Altstadt von Jerusalem führen, das altehrwürdige Johanniterhospiz, ist auch das Heilige Land genauso wie die Länder am Nil zu einer zweiten Heimat geworden. Und da ist schon der zweite Begriff, der mit zu Hause zu tun hat. Was ist meine Heimat?

Häufig, wenn ich aufgeregt bin, hört man an meinem Akzent, dass ich aus dem Ruhrpott komme. Natürlich falle ich auch in diesen Dialekt, wenn ich meine alte Heimat besuche. Ich bin geprägt vom Umgangston dort. Und der ist herzlich und direkt.

Als ich vor einigen Jahren mal wieder in Duisburg zu Besuch war, ging ich einkaufen. Auf einem Wühltisch sah ich schönen Modeschmuck. Da ich gegen Nickel allergisch bin, fragte ich die Verkäuferin, ob der Schmuck nickelfrei sei. Sie sah mich kurz an und sagte dann: «Wenn Sie allergisch sind, dann kaufen Sie doch nicht so einen Schei...» Ja, ich war wieder in der Heimat! Kurz und deutlich sagt man dort, was man denkt. Gefragt und ungefragt.

## Geprägt von unserer Herkunft

Zu Hause: In den ersten Jahren, in denen mein Mann Roland, der auch aus Duisburg stammt, und ich in Marburg lebten, fragten uns Freunde manchmal, warum wir so viel streiten. Für unser Gefühl stritten wir aber gar nicht, sondern jeder sagte nur seine Meinung direkt und engagiert. Für die etwas zurückhaltenden Hessen war das schon ein rauer Ton, den wir an den Tag legten.

Zu Hause: Ich bin geprägt von der Schule, in die ich ging. Ein neusprachliches Gymnasium, nur für Mädchen. Fast das ganze Lehrpersonal war zu unserem Leidwesen weiblich. Wenn überhaupt einmal ein junger Lehrer an unsere Schule kam, waren wir hin und weg von ihm.

Was mich in meiner Schule nachhaltig geprägt hat, war die Konzentration auf das Sprachenlernen. Latein, Englisch und Französisch bis zum Abitur, ohne die Möglichkeit, einzelne Fächer abzuwählen. Das war damals häufig eine Qual. Heute bin ich dankbar dafür.

Zu Hause: Ich war in meiner Kindheit und Jugend da zu Hause, wo die «rheinische Fröhlichkeit» die Menschen und den Umgang miteinander prägt. Und auch davon habe ich etwas abbekommen. «Ich hab den Vater Rhein in seinem Bett geseh'n. Ja, der hat's wunderschön. Der braucht nie aufzusteh'n. Und rechts und links vom Bett, da wächst der beste Wein. Ach, wäre ich doch nur der alte Vater Rhein!» So sang mir mein Vater seine Lieder vor. Karneval und Rosenmontagszüge gehörten zu meiner Kindheit ganz natürlich dazu.

Zu Hause: Warum ich das alles erzähle? Weil ich davon überzeugt bin, dass unser erstes Zuhause uns prägt. Viel mehr, als uns bewusst ist. Nicht nur die schönen Erlebnisse, auch die ungelösten Konflikte in meiner Familie haben mich geprägt. Ich habe als Kind gelernt, damit umzugehen, und mir Strategien angewöhnt, Konflikte zu lösen, die nicht immer hilfreich sind. Unsere Heimat prägt uns, in allen Lebensbereichen.

### Bewegt von Jesus Christus

Als Jugendliche lernte ich Jesus kennen. Mit siebzehn Jahren wollte ich, dass er mein Leben ergreift und mich führt. Mein Lebensplan war bis dahin, in Duisburg zu leben, zu heiraten oder Kinderdorfmutter zu werden, eine schöne Wohnung zu haben und ab und zu in den Urlaub nach Holland zu reisen. Doch Jesus hatte ganz andere Pläne mit mir. Das konnte ich schon bald erkennen.

Ich fuhr zu Missionseinsätzen nach Marokko und Südspanien, nach Frankreich und Italien. Ich lebte ein halbes Jahr in Assuan und Kairo, um etwas Arabisch zu lernen. Mein Horizont wurde immer größer. Viele Länder kamen hinzu, mittlerweile sind es mehr als fünfzig, in die ich gereist bin. Meine Vorstellungen von «zu Hause sein» änderten sich.

So erlebe ich das heute: Mein Zuhause ist da, wo ich mit Gott unterwegs bin. Und das kann an vielen Orten der Erde sein. Das «Zuhause» ist für mich der Schutzraum, den ich um mich habe. Wie eine Schnecke ihr Haus immer bei sich trägt und sich bei Gefahr dorthin zurückzieht, so weiß ich: Gott ist immer bei mir und gewährt mir seinen Schutz und die Geborgenheit, die ich brauche.

## Unsere wahre Heimat

Wir dürfen wissen: Unser Leben hat eine Vorgeschichte. Gott sagt: «Ehe ich dich im Mutterleib bildete, habe ich dich ausersehen, noch ehe du aus dem Mutterschoß hervorkamst, habe ich dich geheiligt, zum Propheten für die Völker habe ich dich bestimmt!» (Jeremia 1,5; EÜ).

Wir sind von Gott geschaffen und werden zu ihm zurückkehren. Unser eigentlicher und letzter Bestimmungsort ist im Himmel, in der Nähe Gottes. Diese Gegenwart Gottes erleben wir jetzt schon bruchstückweise. Es stimmt: In der Gegenwart Gottes bin ich als Mensch eigentlich ganz zu Hause. Gott schenkt uns unsere Lebenszeit hier auf diesem Planeten.

Diese Erde ist gut geschaffen, voller Schönheit und Wunder. Gott hat sie uns als Heimat geschenkt. Aber letztlich ist auch das nur eine Durchgangsstation. Wir dürfen das Leben hier genießen und uns Heimat bauen – und anderen Menschen Heimat geben. Und doch bleibt auch das bestehen: «Hier haben wir keine für immer bleibende Stadt, sondern wir halten Ausschau nach der Stadt der Zukunft» (Hebräer 13,14–15; das buch).

Als einige seiner Zeitgenossen sich dafür interessierten, Jesus nachzufolgen, wollten sie sich erst einmal sein Zuhause von Nahem ansehen. Doch Jesus hatte keinen festen Ort, an dem er lebte, sondern war unterwegs, um den Menschen Gottes Wirklichkeit nahe zu bringen: «Die Füchse haben ihre Fuchsbauten und die Vögel, die unter dem Himmel fliegen, ihre Nester. Aber der von Gott beauftragte Menschensohn hat noch nicht einmal einen festen Ort, wo er sich zum Schlafen hinlegen kann» (Lukas 9,58; das buch).

Unterwegs sein gehört also zum Zu-Hause-Sein bei Gott dazu. Gott steht als Schöpfer über allem und erfüllt die Erde mit seiner Gegenwart. Er hat sich nicht auf besondere Orte festgelegt und wohnt nicht in besonderen Häusern. Gottes Geist ist Bewegung. Er ist überall gegenwärtig und ansprechbar. Nichts ist ihm verborgen. Egal, wohin wir gehen, Gott ist schon da.

Diese Allgegenwart Gottes besingt David in seinem Psalm:

«HERR, du hast mich geprüft und kennst mich.
Ob ich sitze oder wieder aufstehe, du weißt es.
Meine Pläne durchschaust du schon von fern.

Ob ich weitergehe oder mich ausruhe, du siehst es,
und mit all meinen Wegen bist du vertraut.
Ja, kaum kommt ein Wort auf meine Zunge,
schon kennst du es, HERR, ganz genau.
Von hinten und von vorn umgibst du mich
und legst deine Hände auf mich.
Dieses Wissen ist unfassbar für mich,
ich kann es nicht begreifen.
Wohin soll ich gehen vor deinem Geist?
Und wohin soll ich fliehen vor deiner Gegenwart?
Wenn ich hochstiege bis in den Himmel, dort bist du!
Breitete ich mein Lager aus in der Unterwelt,
wirklich, auch da bist du!
Nähme ich die Flügel des Morgenrots
und ließe mich nieder am fernsten Meer,
würde auch dort deine Hand mich leiten,
ja, deine rechte Hand mich halten.
Selbst wenn ich sagte:
‹Nur Dunkelheit soll mich umhüllen
und selbst das Licht sei für mich finster wie die Nacht!›
Dann bleibt auch die Finsternis nicht finster bei dir,
ja, die Nacht leuchtet wie der Tag.
Ja, die Finsternis ist wie das Licht!»

*Psalm 139,1–12; das buch*

### Im Himmel zu Hause

Schon zweimal war mein Leben durch eine Krebserkrankung
bedroht. Beim ersten Mal rechneten die Ärzte jeden Moment
damit, dass mein Leben zu Ende sein könnte. In dieser Situa-

tion habe ich mich sehr intensiv mit diesem himmlischen Zuhause beschäftigt. Jesus sagt über das ewige Leben, dass er für uns Wohnungen vorbereitet.

«Lasst euren Mut nicht sinken! Setzt euer Vertrauen auf Gott und vertraut auch mir! Das Haus meines Vaters hat viele Wohnungen. Das ist so! Denn sonst hätte ich euch nicht gesagt, dass ich dorthin gehe und den Ort für euch vorbereite. Und wenn ich dorthin gehe und den Ort vorbereite, werde ich wiederkommen und euch bei mir aufnehmen. Denn da, wo ich bin, sollt ihr auch sein.»

*Johannes 14,2–3; das buch*

Als eine Mitarbeiterin aus dem Christus-Treff Marburg im Sterben lag, sprach ich mit ihr über diesen Vers. Wir beide hatten in den vergangenen Jahren viel im Gemeindehaus des Christus-Treff bei der Renovierung zusammengearbeitet. Deshalb war uns dieses Bild von der vorbereiteten Wohnung so vertraut.

Wir kamen bei meinen Besuchen an ihrem Sterbebett auf das himmlische Zuhause zu sprechen. Wir waren uns einig: Wenn Jesus, der uns in- und auswendig kennt, für uns eine Wohnung zubereitet, dann werden wir uns zu hundert Prozent dort wohlfühlen und zu Hause sein. Wenige Tage nach diesem Gespräch zog sie um – in ihr neues Zuhause bei Gott.

Was für ein Trost, zu wissen, dass das Leben nicht mit dem Tod endet, sondern dass es in Gottes Wirklichkeit und in seiner Nähe weitergeht! Dort gibt es keine Tränen, keinen Schmerz, kein Unrecht, keine Trennung, keinen Tod mehr.

### Die irdische und die himmlische Heimat

Wir sind in dieser Welt für eine Zeit zu Hause. Doch Menschen, die an Jesus glauben, dürfen darauf vertrauen: Am Ende unseres Lebens können wir umziehen in das neue Zuhause, das bei Jesus ist. Dort wird unser Leben zur Ruhe finden, dort ist unser eigentliches Zuhause.

Wir Christen sind Pilger, auf dem Weg nach Hause. Unterwegs bekommen wir immer wieder einen Vorgeschmack darauf. In der Gemeinschaft mit Gott und in der Gemeinschaft mit denen, die zu ihm gehören, erleben wir genau das, was wir als Zuhause erlebt haben: Annahme, Geborgenheit, Trost, Freiheit zur Entfaltung. Hier und jetzt schon in dieser bewussten Ausrichtung auf Gott zu leben, erneuert und prägt uns. Wir leben mit neuen Werten. Die Lieder, die wir singen, prägen unser Denken und erfüllen unser Empfinden. Der Ton um uns herum ist von Barmherzigkeit und Annahme geprägt. Wir sind auf dem Weg, dort wieder anzukommen, wo wir gestartet sind. In der guten Hand Gottes.

### Gottes spürbare Nähe

Im Herbst 1988 bekam ich die Diagnose Lymphdrüsenkrebs. Von diesem Zeitpunkt an musste ich mich einer intensiven Chemotherapie unterziehen. Im Sommer 1989 sollte die zweite Weltkonferenz der Lausanner Bewegung stattfinden, und zwar in Manila. Ich war dazu eingeladen und wollte so gerne daran teilnehmen.

Am Anfang war es sehr ungewiss, ob die Therapie anschlagen würde. Auch die Zyklen waren sehr unregelmäßig, weil meine weißen Blutkörperchen immer wieder unter den

Minimalwert fielen. Doch den mich behandelnden Ärzten sagte ich immer, dass ich nach Manila fahren würde. Sie sollten die Therapien dementsprechend legen. Was sie dann auch taten. Später hörte ich, dass sie mich liebevoll «die Manila-Lady» nannten.

Und so geschah es dann auch. Ich war Teil der deutschen Delegation, die zu diesem großen Kongress eingeladen war. Unser Flugzeug, in dem die meisten deutschen Teilnehmer saßen, kam verspätet an. Wir wurden von den netten Ordnern auf die Empore geführt. Die mehreren tausend Teilnehmer aus aller Welt waren mitten im vollmächtigen Lobpreis, als wir unsere Plätze einnahmen.

Ich weiß noch genau, wie ich mich in dem Moment fühlte: Es war ein Nach-Hause-Kommen. Ich tauchte ein in die vielen Stimmen, die Jesus lobten. Ich fragte mich, warum ich all die Strapazen der Chemotherapie auf mich genommen hatte, wenn es doch so schön sein würde, im Himmel anzukommen und für immer Gott zu loben.

«Komm doch bei Gott zur Ruhe, meine Seele!
Ja, bei ihm finde ich Hoffnung.
Er allein ist mein Fels und meine Rettung,
meine Festung, sodass ich nicht zu Fall komme.
Bei Gott ist meine Rettung und meine Würde,
mein starker Fels, meine Zuflucht, sie sind bei Gott.
Vertraut auf ihn allezeit, ihr Leute!
Schüttet euer Herz vor ihm aus!
Gott ist unsere Zuflucht.»

*Psalm 62,6–9; das buch*

# Kapitel 2
## Mit Gottes Augen sehen lernen

Die Sonne brannte. Etwas Abkühlung brachten der Nil und der Wind, der uns im Segelboot begleitete. Endlich kamen wir an. Eine einsame Stelle am Ufer des Nils in Assuan, mitten in der Wüste. Von hier aus wollten wir uns auf den Weg zum sogenannten «Josephstein» machen. Dieser große Stein mit seinen Inschriften ist ein außerbiblisches Dokument, das von einer siebenjährigen Hungerkatastrophe in Ägypten spricht, allerdings viele Jahrhunderte vor der Zeit Josephs. Wir freuten uns auf einen schönen Ausflug in die Wüste, weit weg vom Lärm und Trubel der Stadt, vom Alltag im deutschen Missionskrankenhaus.

### Perlenketten

Kaum machten wir die ersten Schritte im heißen Sand, da tauchten sie auch schon auf: Einige junge Mädchen aus einem Nachbardorf hatten auf uns gewartet. Sie verdienten sich ihren Lebensunterhalt damit, ankommende Touristen als Kunden für ihre wunderschönen bunten Perlenketten zu gewinnen. Ich war genervt. Nun hatten wir uns auf den Weg gemacht, um allen Händlern, die in der Stadt überall auf ihre Kunden lauerten, zu entfliehen, und dann das! Sie gingen zielstrebig vor. Eine junge Frau hakte sich bei mir ein und redete auf Arabisch auf mich ein. Sie ließ sich nicht abwimmeln. Ich wollte sie nur noch loswerden. Wie eine Klette erschien sie mir. Sie ließ uns keinen Schritt allein tun. Zum einen erklärte sie uns den Weg, den wir auch gut und gerne ohne sie gefunden hätten. Und dann wollte sie unbedingt noch etwas verkaufen. Nach einigen Versuchen des Abwimmelns und genervten Bemerkungen meinerseits ließ das Mädchen von mir ab. Ich wollte nur noch weg. Mir war der Spaß verdorben.

## Der Selbstmord eines Mädchens

Einige Tage später hörte ich von dem Selbstmordversuch eines Mädchens, das zu uns ins deutsche Missionskrankenhaus eingeliefert worden war. Bei näheren Erkundigungen stellte ich fest, dass es offenbar jenes Mädchen war, das sich bei mir eingehakt hatte. Sie hatte am Abend unseres Ausflugstages Haarfärbemittel getrunken, um ihrem Leben ein Ende zu setzen. Leider verstarb sie kurz danach.

Warum hatte sie das getan? Der Grund: Ihre Familie hatte ihr ein Ultimatum gestellt. Sie sollte einen dreißig Jahre älteren Mann heiraten, der blind war. Das wollte sie auf keinen Fall! So geriet sie in große innere Not und wusste sich nicht anders zu helfen. Sie wollte nur noch sterben. Leider ist diese Geschichte in Ägypten kein Einzelfall, auch heute nicht.

## Eine verpasste Gelegenheit

Als ich das hörte, geriet auch ich in große Not. Was hatte ich an jenem Tag nur getan? War sie so anhänglich gewesen, weil sie sich mir anvertrauen wollte? War es Verzweiflung, die sie in unsere Nähe getrieben hatte? Ich hatte in ihr nur jemanden gesehen, der meinem Wunsch nach Ruhe in die Quere kam und uns bei unserem Ausflug störte.

Aber was ging in ihrem Herzen vor sich? Warum hatte ich das nicht bemerkt, was ihr Kummer machte? Hatte ich sie überhaupt richtig angesehen? Nein. Ich konnte mich an ihr Äußeres gar nicht erinnern. Für mich war sie ja nur eine lästige Verkäuferin gewesen, nicht das Mädchen, das Hilfe suchte.

Ich merkte, dass ich an diesem Tag schuldig geworden war. Ich war diesem nubischen Mädchen etwas schuldig geblieben: Nähe, Liebe, Zuwendung, Aufmerksamkeit. Ein offenes Ohr, ein offenes Herz, eine freundliche Geste. Ich hatte sie nicht als Menschen gesehen, der vielleicht in Not ist, sondern nur als Störenfried.

### Gott sieht die Herzen an

Vielleicht hätte ich an ihrer Not gar nichts ändern können. Wahrscheinlich wäre trotzdem alles so gekommen, auch wenn ich kurz mit ihr gesprochen und ihr etwas abgekauft hätte. Doch eines habe ich aus dieser Begegnung gelernt: Ich darf Menschen nicht so achtlos behandeln. Auch nicht, wenn ich mich genervt fühle. Ich weiß ja nicht, was sie dazu treibt, so zu handeln. Was in ihnen vorgeht. Was sie so handeln lässt.

Gott kennt die Herzen aller Menschen. Er weiß, was jeder braucht. Er kannte auch die Not dieses Mädchens. Und vielleicht hätte er ihr gerne durch mich etwas Gutes getan. Ich aber hatte keinen Sinn dafür. Ich war nicht offen für Gottes Reden in dieser Situation. Herr, vergib mir! Und erbarme dich über dieses arme Menschenkind! Das war mein ganzes Gebet an diesem Tag.

## Mit Gottes Augen sehen lernen

Gott ist ein liebender und barmherziger Gott. Er hat mir vergeben, dass ich so egoistisch war und so wenig bereit zu lieben. Und er hat sicher mit dem Mädchen mitgelitten, ihre Not verstanden und nach Wegen gesucht, wie er sich ihr zeigen kann. Ich darf auch sie getrost in Gottes Hand legen.

Eins ist mir klar: Ich möchte lernen, Menschen mit Gottes Augen zu sehen. Sie zu lieben, wie sie sind. Weil Gott sie liebt. Und weil er vielleicht gerade mich gebrauchen will, ihnen das zu zeigen.

«Denn nicht sieht der HERR auf das, worauf ein Mensch sieht. Ein Mensch sieht, was vor Augen ist; der HERR aber sieht das Herz an.»

*1. Samuel 16,7; Luther*

# Kapitel

# Ein besonderer Geburtstag

Vor vielen Jahren fuhren Roland und ich am Tag vor meinem Geburtstag nach Münster. Einige evangelische Gemeinden veranstalteten gemeinsam mit der Studentenmission offene Abende, bei denen zum Glauben an Gott eingeladen werden sollte. Roland war der Hauptredner. Auch tagsüber gab es einige Programmangebote in einem großen Zelt. Ich fuhr mit, damit ich an meinem Geburtstag nicht allein zu Hause war. Und weil ich mitkam, wurde ich angefragt, ob ich einen Workshop halten konnte. An meinem Geburtstag. Ich sagte zu, weil ich ja sowieso nicht feiern würde.

## Die perfekte Überraschung

Irgendjemand muss unseren Gastgebern einen Tipp gegeben haben, denn als ich am Morgen zum Frühstück in die Küche ging, war ich total überrascht: Luftballons, Blumen, Kerzen, ein schön gedeckter Tisch für zwei Personen! Unsere Gastgeber freuten sich über mein verblüfftes Gesicht.

Und ich war froh, aber auch beschämt. Gestern noch hatte ich doch in meinem Herzen gejammert: «Oh Herr, warum können wir nicht mal meinen Geburtstag so richtig gemütlich feiern? Warum sind wir schon wieder unterwegs an diesem Tag?»

Und dann diese Überraschung. Unsere Gastgeber ließen uns

allein, und wir hatten viel Zeit, das schöne Frühstück zu genießen. Ich muss ehrlich sagen, dass wir uns zu Hause vielleicht gar nicht die Zeit für ein so besonderes Frühstück zu zweit genommen hätten. Da wäre ich sicher schon in den Vorbereitungen für die Feier am Nachmittag oder Abend gewesen, hätte gebacken oder Tische gedeckt. Nun konnten wir es uns einfach bequem machen und gemeinsam genießen.

## Die Bibel erleben

Nachmittags führte ich im Rahmen der Veranstaltungen einen Workshop zum Thema «Die Bibel ganzheitlich erleben» durch, also eine Art Bibliodrama. Es waren etwa fünfzehn Teilnehmer im Zelt auf dem großen Platz vor dem Stadtschloss erschienen. Unter ihnen auch eine junge Frau mit Down-Syndrom.

Das machte mir zu Beginn etwas Sorgen, weil ich nicht wusste, ob sie unserem Programm würde folgen können. Doch ich begann mit den ersten Übungen und stellte fest: Sie ist mit großem Engagement dabei.

Dann teilten wir uns in zwei Gruppen und bearbeiteten biblische Texte. Das heißt, wir lasen sie gemeinsam durch, und jeder überlegte sich seine Rolle selbst.

Die junge Frau in unserer Gruppe wollte in der Geschichte der Auferweckung des Jünglings zu Nain unbedingt den verstorbenen jungen Mann spielen. Im Text steht, dass Jesus zu dessen Beerdigung zufällig hinzustößt und dann aus Mitleid mit der trauernden Mutter den jungen Mann von den Toten auferweckt. «Der tote Junge, das ist eine gute Rolle für sie», dachte ich. «Da muss sie nicht so viel Text sagen.»

Es wurde nicht geprobt, sondern wir dachten uns jeder in

die Rolle hinein, und dann spielten wir die Geschichte spontan nach. Ohne Regieanweisungen, ohne Absprachen. Wir waren richtig drin in der Geschichte. Der «tote junge Mann» lag wie versteinert auf dem Boden. Wir alle spielten die Trauernden, weinten und rauften uns die Haare.

Und dann kam Jesus ins Spiel. Als er den «toten Mann» berührte, sprang unsere junge behinderte Frau begeistert auf: «Hurra, ich lebe! Ich bin gar nicht mehr tot! Ich lebe! Habt keine Angst mehr um mich, hört auf zu weinen! Jesus ist da! Ich lebe! Hurra, hurra, ich lebe!» Sie fiel uns um den Hals, tanzte umher, nahm Einzelne an die Hand und führte einen Freudentanz auf. «Seht her, ich bin nicht mehr tot! Ich lebe!» Sie konnte gar nicht aufhören, ihre Freude in die Stadt zu rufen.

### Aus Trauer wird Freude

Wir anderen konnten nicht aufhören zu weinen. Nicht aus Trauer, sondern aus Freude. Wir hatten etwas davon erlebt, was die Bibel beschreibt. Die Freude über die Auferweckung war plötzlich kein bloßer Teil einer Geschichte mehr, sie war begreifbare Realität geworden. Das war Freude pur. Wir waren von ihr mitgerissen, aber gleichzeitig auch beschämt, denn das hatten wir nicht erwartet, dass ausgerechnet diese junge Frau uns die Geschichte erschließen würde: Das Wichtigste in der Geschichte ist Jesus selbst. Sein Handeln. Seine Kraft, Wunder zu tun.

### Ein schönes Geburtstagsgeschenk

Für mich war dieses Rollenspiel ein echtes Geburtstagsgeschenk. Mir wurde klar: Es geht nicht um mich an meinem

Geburtstag. Es geht um Jesus, der in unser Leben hineinkommt und uns lebendig macht. Der uns Freude schenkt, die ansteckt. Die junge Frau hatte mir zu meinem Geburtstag ein großes Paket Freude geschenkt. Freude darüber, dass Gott mein Leben sieht. Und dass er die Macht hat, es zu erhalten. Auch wenn der Tod danach greift.

Der Geburtstag, von dem ich vorher dachte, dass er ausfällt, war einer der schönsten meines Lebens. Reich beschenkt und überrascht, so fühlte ich mich. Und wenn ich genau hinsehe, sehe ich Jesus, der an diesem Geburtstag «ins Spiel» kam. Und der meine Einstellung veränderte. Ich stellte fest: Wenn er meine Geburtstags-Party organisiert, bin ich mehr als beschenkt.

«Die mit Tränen säen, werden mit Freuden ernten. Sie gehen hin und weinen und streuen ihren Samen und kommen mit Freuden und bringen ihre Garben.»

*Psalm 126,5–6; Luther*

# Kapitel
# Etwas Farbe in Nairobi

Ich hätte nicht gedacht, dass es in Kenia so kalt sein kann. Wir waren im Sommer von Deutschland aufgebrochen und wenige Stunden später mit dem Flugzeug im kenianischen Winter angekommen. Bibbernd vor Kälte saß ich auf unserem Bett im Gästehaus der methodistischen Kirche. Wir waren nur für eine kurze Zeit hier.

Roland arbeitete täglich in einem kleinen Zimmer an einer englischsprachigen Darstellung der Kirchengeschichte im Sudan. Es sollte ein Buch über die Entwicklung des Christentums der verschiedenen Stämme des Sudans entstehen, damit spätere Generationen von Christen auch noch nachlesen konnten, wie die Geschichte ihrer Kirche begann. Roland war gebeten worden, die grundlegenden Kapitel über die ersten tausend Jahre der nordsudanesischen Kirchengeschichte zu schreiben.

Vielen ist das gar nicht bewusst, dass es schon seit dem 5. Jahrhundert im Sudan eine einheimische Christenheit gab. Es handelt sich um die nubische Kirche, neben der äthiopischen die erste afrikanische Kirche, die bis ins 15. Jahrhundert lebendig war und diese Länder am Nil zu einer kulturellen Blütezeit gebracht hatte. Dieses Buchprojekt war also der Hauptgrund, warum wir in Nairobi waren.

## Begegnung mit einer Powerfrau

Schon in Deutschland hatte ich mir die Adresse von einer bekannten Christin in Kenia geben lassen, die wie ich auch in der Lausanner Bewegung mitarbeitete. Judy Mbugua, Gründerin von PACWA (Pan African Christian Women Alliance, dem panafrikanischen Bündnis christlicher Frauen), einer in Afrika sehr bekannten und anerkannten christlichen Frauenbewegung.

In Nairobi angekommen, rief ich Judy an und fragte, ob sie Zeit hätte, mich zu treffen. Ja, sie freue sich, war die Antwort. Aber ich müsse mit ihr zu einer Frauenkonferenz kommen. Wir könnten auf der Fahrt reden, denn sonst hätte sie keine weitere Zeit für mich. Ich willigte gerne ein.

## Alltägliche Gefahr der Überfälle

Sie holte mich mit ihrem Auto ab. Wir fuhren in eine Gegend nahe dem Gebäude, das einige Jahre zuvor bei einem schrecklichen Bombenanschlag zerstört worden war, der auch bei uns durch die Medien ging. Die Ruine war deutlich erkennbar. Wir fuhren noch weiter in eine ärmere Gegend.

Bevor wir aus dem Auto ausstiegen, sagte Judy: «Bitte nimm allen sichtbaren Schmuck ab. In dieser Gegend gibt es viele Diebe. Sie schneiden dir sonst vielleicht den Finger ab, um deine Ringe zu bekommen. Außerdem reißen sie Ketten direkt vom Hals ab.»

Die Aussicht auf einen Überfall auf dem kurzen Stück zwischen Auto und Haus ließ mich schon etwas nervös werden. Ich gehorchte. Wir stiegen aus. Judy gab einem Mann am Straßenrand Geld, damit er bei ihrem Auto blieb und es bewachte. Wir gingen noch einige Straßen weiter. Der Überfall blieb aus, vielleicht gerade deshalb, weil ich auf Judy gehört hatte. Der Schmuck war in der Handtasche verstaut. Nur den Ehering hatte ich nicht abbekommen. So blieb die rechte Hand bis zur Ankunft in der Jackentasche. Mit der anderen Hand hielt ich krampfhaft die Handtasche fest, damit sie mir auch ja keiner entreißen konnte.

### Der erste Eindruck täuscht

Wir standen vor einem großen Haus mit doppelten Eisengittertüren, beide verschlossen, gesichert. Alles erschien schmutzig und heruntergekommen. Ein Türhüter machte auf, nachdem wir versichert hatten, dass wir zu der Frauenkonferenz wollten. Er schloss gleich nach uns wieder zu. Das Ganze glich einem Gefängnis. Wir stiegen einige Stockwerke hoch, wechselten über interne Querverbindungen in ein anderes Haus, dann weitere Stockwerke höher, manche davon ebenfalls mit Stahlgittern und Türen zugesperrt.

Endlich näherten wir uns der Veranstaltung. Ich konnte den Gesang von Frauen hören. Und dann waren wir da. Ein größerer Saal, ganz mit rotem Samt und Tüll an den Wänden ausgeschlagen, dunkel und mit wenigen Fenstern versehen. Er glich am ehesten einem Kino. Vorne eine Bühne, auf der eine kleine Worshipband spielte. In den Reihen saßen bestimmt vierhundert Frauen. Wir wurden gleich in die erste Reihe gesetzt.

Schon am Ende des nächsten Liedes wurde Judy auf die Bühne gebeten, um ihren Vortrag zu halten. Alle hatten auf sie gewartet und die Wartezeit mit Liedern gefüllt. Judy begrüßte die Frauen und wurde selbst mit Jubel begrüßt. Die Frauen kannten und liebten sie.

### Verwirrt und traurig

Dann bat sie mich, ihren Gast, auf die Bühne. Ich hätte es wissen müssen. In vielen Ländern der Welt wird man als Gast in den Gemeinden geehrt, indem man aufgefordert wird, etwas zu sagen.

Ich war darauf so gar nicht vorbereitet. Außerdem war ich noch ganz verwirrt von all den Eindrücken draußen. Also stellte ich mich nur kurz vor. Judy fragte nach, wie denn die geistliche Situation in Deutschland sei. Wie viele Christen bei uns lebten. In diesem Moment wurde mir klar, dass in Deutschland prozentual sicher viel weniger Christen leben als in Kenia.

Als ich versuchte, das den Frauen zu sagen, war ich selbst ganz betroffen von dieser Tatsache. Warum sind in Deutschland viele Kirchen so leer? Warum gibt es in Deutschland anscheinend so wenig entschiedene Christen? Und ist es uns Christen überhaupt ein großes Anliegen, dass es mehr werden? Oder haben wir uns daran gewöhnt, dass kaum jemand an Gott und Jesus interessiert zu sein scheint?

Ich versuchte, Judys Frage zu beantworten. Aber dann wurde ich selbst von großer Traurigkeit übermannt.

### Peinlich oder nicht?

Ich weinte. Wie peinlich! Auf der Bühne, vor so vielen kenianischen Frauen, weinte ich über mein Land. Über die Selbstgenügsamkeit vieler Gemeinden. Über das Desinteresse meiner Landsleute Gott gegenüber. Über die vielen Menschen in den neuen Bundesländern und überall in den Dörfern und Städten, die vielen Jugendlichen, die noch nie von Jesus gehört haben. Ich weinte und konnte kaum aufhören. Am liebsten wäre ich im Boden der Bühne versunken.

Hier kam ich aus dem reichen Europa und spürte, wie arm wir eigentlich sind. Materiell geht es uns gut. Aber geistlich sind wir Hungernde. Ich bat die Frauen, für uns zu beten. Für Deutschland zu beten.

Sie waren überrascht, dass wir nur so wenig bewusste Christen sind. Hatten sie doch gedacht, Europa sei ein christlicher Kontinent. Viele Missionare waren doch von dort zu ihnen gekommen! Wie konnte es sein, dass nur so wenige entschiedene Christen bei uns leben?

### Fürbitte für mein Land

Sie beteten. Vollmächtig. Mit ebenso viel Emotion. Ich ging von der Bühne, oder besser gesagt: Ich schlich von der Bühne. Nicht ich hatte diese Frauen ermutigt, sie hatten mich ermutigt. Nicht ich hatte ihnen eine vollmächtige Botschaft zu bringen, sie waren mir mit ihrem Engagement für ihr Land ein Vorbild geworden. Mit ihrer Entschlossenheit, dass jede Frau und jeder Mann in Kenia das Evangelium hören soll. Und mit ihrer Fürbitte für Deutschland, mit ihrer Bereitschaft, für uns zu beten.

Es dauerte einige Zeit, bis ich mich beruhigt hatte. Keine der Frauen fand es schlimm, dass ich geweint hatte. Nur mir war das überaus peinlich. Aber hatte Jesus nicht auch geweint, als er über Jerusalem nachdachte? Ist es nicht zum Heulen, dass so wenige Menschen bei uns zum Glauben kommen?

### Ein Fernsehauftritt naht

Auf dem Rückweg von der Veranstaltung lud mich Judy Mbugua ein, einige Tage später mit ihr in eine Fernsehproduktion von PACWA, der pan-afrikanischen Frauenorganisation, zu gehen. Der Verein hatte einen Fernsehsender für eine gewisse Sendezeit gemietet, um die Organisation und ihre Anliegen im ganzen Land bekannt zu machen.

So kam es, dass ich mit Lois, einer amerikanischen Freundin, ein paar Tage später mit einem Auto abgeholt wurde, das Judy zum Sender brachte und uns unterwegs aufgabelte. Sie war schick gekleidet, kam gerade vom Friseur und war kaum wiederzuerkennen. Dieses Mal trug sie ihren Goldschmuck.

Das Auto setzte uns vor den Toren des Fernsehsenders ab. Dort wartete schon eine ganz gemischte Gruppe von Frauen. Kenianerinnen in traditioneller Kleidung, in europäischer Kleidung und eine große Gruppe bildhübscher Frauen aus dem Stamm der Massai in ihrer überaus bunten Tracht.

### Die einzigen Weißen

Wir gingen gemeinsam in das Gebäude. Lois, die übrigens ihr ganzes Leben mit ihrem Mann Bill als Missionarin in Ostafrika verbracht hatte, und ich waren die einzigen Weißen unter all den Kenianerinnen. Doch wir fühlten uns sehr wohl. Die Hautfarbe spielte hier keine Rolle. Wir waren Schwestern in Jesus.

Die Aufnahme der Sendung war verschoben worden. Das hörten wir, als wir ankamen. Man führte uns deshalb in die Cafeteria. Dort gab es erst einmal Tee und Kekse. Ich lernte interessante Persönlichkeiten kennen. Ich unterhielt mich länger mit einer jungen Kenianerin. Sie ist Evangelistin in Kenia, reist umher und hält Evangelisationen ab. Außerdem leitet sie eine Gemeinde in Nairobi.

Ich staunte wieder einmal. Wenn das doch auch bei uns in Deutschland so wäre. Frauen, die evangelisieren? Evangelistinnen? Das fehlt bei uns weitgehend. In Kenia ist es eine Selbstverständlichkeit, dass Frauen solche Dienste tun, wenn sie die Gaben dazu haben. Auch im Vergleich dazu sind wir offenbar noch ein Entwicklungsland.

### Von der letzten Reihe in die erste

Eine Stunde später brachte man uns ins Studio. Die Aufnahmeleitung verteilte uns im Publikum so, dass sie gute Aufnahmen von uns machen konnten. Sie setzten die Frauen aus dem Stamm der Massai nach vorn in die erste Reihe. Sie waren mit ihren leuchtenden Tüchern und den vielen Perlenketten wirklich sehr hübsch anzusehen.

Lois und ich hatten uns ganz nach hinten gesetzt. Wir wollten ja nur zusehen und waren als Ausländerinnen auch nicht repräsentativ für die Arbeit. Dann kam Judy und holte uns nach vorn. Ich bekam schon Angst, denn der Auftritt während der Frauenkonferenz steckte mir noch in den Knochen. Sie wollte doch wohl nicht, dass ich etwas sage, oder?

Doch dieses Mal wollte sie nicht, dass wir etwas sagen. Sie hatte andere Pläne. Zu den Kameraleuten sagte sie, sie habe uns extra eingeladen, um ein wenig «Farbe» im Bild zu haben. Sie sollten uns so hinsetzen, dass man uns immer wieder mal im Bild sieht, wenn das Publikum gezeigt wird.

Ich musste schmunzeln. Bei uns wären sicher die Hautfarben der Kenianerinnen als «Farbe» bezeichnet worden. Hier waren Lois und ich plötzlich die «Farbigen». So wurden wir strategisch im Publikum verteilt.

## Judys Leben

Die Aufnahmen begannen. Judy und andere Frauen von PACWA wurden interviewt. Die Dinge, die Judy wichtig waren, die der Reporter aber nicht erfragte, brachte sie selbst ein. Sehr selbstbewusst. Die Sendung half mir, besser zu verstehen, was Judy alles aufgebaut hat. Sie hat selbst eine sehr schwierige Vergangenheit, die sie in einem Buch beschrieben hat, das ich in Nairobi las.

Aus sehr armen Verhältnissen stammend, früh geheiratet und ihre Kinder bekommen, hatte sie sich alles, was sie konnte, mehr oder weniger selbst beigebracht. Neben Geldverdienen, Haushalt und Kindererziehung hat sie mehrere Ausbildungen gemacht. Ihr Mann war mehr als zwanzig Jahre ihrer Ehe kein Christ. Er hat sie in ihrem christlichen Engagement gewähren lassen, weil sie sich sicher nicht hätte stoppen lassen. Erst vor kurzer Zeit war auch ihr Mann zum Glauben an Jesus gekommen.

## Eine mutige Leiterin

Judy hat sich oft in ihrem Leben als Frau durchsetzen müssen. Das hat sie zu einer starken und dennoch mitfühlenden Leiterin gemacht. Sie hat in der PACWA viele Programme angestoßen, die jetzt mit ihr oder auch ohne sie laufen; Programme, die tausenden Frauen helfen. Darunter waren und sind Kampagnen gegen Aids, aber auch Aufklärung, Ernährungsberatung, Hygieneunterricht und vieles mehr.

Doch ein Thema ist ihr im Moment das dringendste: die Beschneidung der Frauen. Eine barbarische Tradition mancher Stämme, bei der jungen Mädchen im Alter von acht bis zwölf

Jahren die Klitoris und teilweise auch die Schamlippen entfernt werden. Oft ohne Narkose, mit einer Rasierklinge oder einem anderen scharfen Gegenstand. Die Mädchen erleiden nicht nur einen Schock, sie sind für ihr restliches Leben verstümmelt. Weil es meistens sogar die Mütter und Großmütter sind, die darauf bestehen, dass die Mädchen in ihrer Familie sich diesem Ritual unterziehen, setzt Judy genau da mit ihrer Aufklärung an.

## Dokumentation des Grauens

Sie hat einen Film herstellen lassen: die Dokumentation einer Beschneidung. Darin wird auch die Gefahr aufgezeigt, die Mädchen durch unsaubere Instrumente und Methoden mit Aids oder mit anderen Krankheiten zu infizieren. Diesen Film zeigt sie den Frauen des Massai-Stammes oder auch anderen kenianischen Frauen, in deren Stämmen die Beschneidung von Mädchen noch praktiziert wird.

Wenn die Frauen diesen Film gesehen haben, sind sie entsetzt. Sie haben zwar selbst diese barbarische Quälerei als Mädchen am eigenen Leib erfahren, aber mit eigenen Augen zu sehen, was da wirklich passiert, ist noch einmal etwas anderes.

Der Erfolg dieser Aufklärungskampagne: Die Frauen wollen ihre Töchter vor der Beschneidung schützen. Die Verfechterinnen dieses Rituals werden zu dessen Bekämpferinnen. Viele Massai-Frauen verstecken jetzt ihre Töchter so lange, bis sie zu alt für die traditionelle Beschneidung sind.

## Jesus bringt die Veränderung

Durch den Einsatz von Judy und anderen ist eine spürbare Veränderung für die Frauen eingetreten. Viele von den Frauen aus dem Stamm der Massai kommen zum Glauben an Jesus. Und vielen bleibt mittlerweile die Hölle des Beschnittenwerdens erspart.

Die Fernsehsendung stellte aber nicht nur die Erfolge von PACWA als Organisation dar, sie wies auch durch die Zeugnisse der Frauen auf Jesus hin.

Im Rückblick bin ich froh, dass ich bei der Aufnahme der Sendung dabei sein konnte und etwas «Farbe ins Bild» dieser Fernsehsendung bringen durfte, denn dadurch habe ich viel gelernt. Das Dunkel im Leben von Frauen kann hell werden, wenn Jesus in die Situation hineinkommt und seine göttliche Wahrheit über die Traditionen und Religionen gestellt wird. Diese Wahrheit müsste nicht nur in Kenia im Fernsehen gesagt werden, sondern überall. Auch bei uns. Denn die befreiende Botschaft von Gottes Liebe gilt uns allen, in Ost und West, in Süd und Nord.

«Wendet euch zu mir, so werdet ihr gerettet, aller Welt Enden; denn ich bin Gott und sonst keiner mehr. Ich habe bei mir selbst geschworen, und Gerechtigkeit ist ausgegangen aus meinem Munde, ein Wort, bei dem es bleiben soll: Mir sollen sich alle Knie beugen und alle Zungen schwören und sagen: Im HERRN habe ich Gerechtigkeit und Stärke. Aber alle, die ihm widerstehen, werden zu ihm kommen und beschämt werden.»

*Jesaja 45,22–24; Luther*

# Kapitel
# Der Wasserturm in Abri

Wieder einmal waren Roland und ich im Sudan zu Besuch bei zwei deutschen Krankenschwestern, Barbara und Margarete, in Abri. Dort liegt, nicht weit vom Nil, ein kleines Regierungskrankenhaus, mitten in der Wüste. Margarete und Barbara waren viele Jahre vor Ort, unterstützten die Ärzte und versuchten, den Standard der Pflege zu verbessern. Und immer wieder konnten wir sie dort besuchen.

Wir hatten beschlossen, an ihrem freien Tag einen schönen Ausflug zu machen. Schon ganz früh am Morgen standen wir auf und frühstückten eine Kleinigkeit. Dann packten wir unsere Taschen voll mit Wasser und Essen und zogen los.

## Der Berg ruft

Mittlerweile war die Sonne aufgegangen, und wir sahen in einiger Entfernung den Berg, den wir erklimmen wollten: Dschebel Abri, der Tafelberg bei der Stadt Abri im Nordsudan. Die sudanesischen Nachbarn und Mitarbeiter im Krankenhaus wunderten sich über uns. Die einen konnten nicht glauben, dass es uns Spaß machen würde, einen Berg zu besteigen. Das war doch sinnlos. Die anderen hätten das nie gemacht, weil sie sich vor den Geistern fürchteten, die ihrer Meinung nach auf dem Berg wohnten.

Nun, ich bin keine Bergsteigerin. Und ich bin auch sonst nicht sonderlich sportlich. Aber angesteckt von der Begeisterung der beiden Krankenschwestern und von Roland, war ich voller Enthusiasmus dabei.

Die erste Wegstrecke ging durch die ebene Wüste. Sand und kleine Steine bildeten einen festen Untergrund, und wir kamen gut vorwärts. Doch dann kamen am Fuß des Berges schon einige Hügelketten. Es ging hinauf und hinunter, Kies und Sand, schroffe Felsen und große Steine. Von weitem waren diese Hügel fast nicht zu sehen gewesen. Aber nun waren sie unübersehbar. Und mir schien, auch unüberwindbar. Die Sonne stieg immer weiter am Himmel empor. Nur wir kamen noch nicht zum Aufstieg auf den Dschebel Abri, denn je näher wir kamen, desto weiter schien der Berg noch entfernt zu sein.

## Nur nicht schlapp machen!

Barbara und Margarete kannten die Strecke gut. Sie hatten diesen Ausflug schon ein paar Mal gemacht. Und Barbara war auch schon mehrmals oben auf dem Berg gewesen, einem Plateau mit sicher großartigem Ausblick auf den Nil und die umliegenden Dörfer.

«Nur nicht schlapp machen», war meine Devise. Dabei war ich schon schlapp, als wir noch nicht einmal beim Berg angekommen waren. Konnte es wirklich sein, dass ich so ein Schwächling war? Hier waren die beiden Krankenschwestern, die beide älter waren als ich und die sehr viel fitter waren. Ich wollte es schaffen. Egal wie. Und außerdem wollte ich uns den Spaß nicht verderben. Also kletterte ich mit. Rauf und runter, über die Geröllhügel mit losen grauen Steinen, die wie Wellen vor dem eigentlichen Berg lagen.

Mittlerweile stand die Sonne ganz oben am Himmel. Sie brannte auf uns herunter. Kein Schatten weit und breit. Erst jetzt, nach fast drei Stunden, erreichten wir den eigentlichen Fuß des Berges. Ich konnte nicht mehr. Und endlich fand ich den Mut, das auch zu sagen. Wir aßen unser Picknick, tranken viel und überlegten, wie es weitergehen könnte.

Eins war klar: Ich war am Ende meiner Kraft, ich konnte auf keinen Fall mehr hochklettern. Allein der Gedanke an den Weg zurück machte mir Angst. Also beschlossen wir, dass Margarete mit mir zurückgehen sollte. Roland und Barbara wollten noch den Aufstieg versuchen.

Gesagt, getan: Wir teilten uns in zwei Gruppen auf. Margarete und ich traten den Heimweg an.

### Die Sonne – Freund und Feind

Der Rückweg wurde zu meinem persönlichen Abenteuer. Wir wussten vom Stand der Sonne her ungefähr die Richtung, in die wir gehen mussten. Aber wir konnten das Ziel nicht sehen. Wir kletterten über die Geröllhügel zurück Richtung Dorf. Jedes Mal, wenn wir oben auf einer Hügelkette waren, konnten wir uns orientieren. Aber die Zeiten in den Tälern ließen uns oft in die falsche Richtung gehen. Nach der letzten Hügelkette erreichten wir die Wüstenebene.

Mittlerweile war ich total erschöpft. Außerdem taten mir die Füße weh. Ich hatte feste Schuhe an. Das war für das Klettern auch wichtig. Außerdem boten sie Schutz vor Skorpionen und Schlangen. Im heißen Sand hätte man auch gar nicht anders laufen können. Das Problem war nur, dass in der Hitze der Schweiß in die Schuhe gelaufen war. Die Socken, der Sand und der Schweiß waren anscheinend die richtige Mischung, um Blasen entstehen zu lassen. Und die waren mittlerweile schon offen. Als ich meine Füße inspizierte, sah ich, dass sie bluteten. Und vor uns lagen noch einige Kilometer Sandpiste.

### Orientierung in der Wüste

Ich hatte Durst. Unsere Wasservorräte waren fast zu Ende. Jeder einzelne Schritt war eine Qual. Margarete war immer noch stark. Sie verzichtete auf ihren Anteil am Wasser, damit ich mehr trinken konnte. Mir war das peinlich, aber ich merkte auch, dass ich es brauchte. Außerdem war sie so lieb, immer wieder mal vor mir so stehen zu bleiben, dass ich mich in ihrem Schatten etwas abkühlen konnte. Ich glaube, ohne ihre Hilfe hätte ich es an diesem Tag nicht mehr geschafft.

Weiter ging es: Laufen, laufen, laufen! Dabei irrten wir umher, liefen in einem großen Kreis. Jedenfalls erschien es mir so. Doch dann tauchte am Horizont ein schwarz-weißer Punkt auf: der Wasserturm von Abri. Ein einfaches, kastenförmiges Eisenbehältnis, das in schwarz-weißem Karo-Muster angemalt war.

Nun hatten wir endlich einen Zielpunkt vor Augen. Dahin mussten wir kommen. Auf diesen Punkt hin mussten wir uns orientieren. Fast vergessen waren die Hitze, der Durst, das Blut in den Schuhen. Jeder Schritt brachte uns dem Ziel näher. Schon bald würden wir wieder unseren Durst stillen können, die Füße baden und schlafen. Der schwarz-weiße Fleck am

Horizont wurde zum Sinnbild für all das Gute, das uns zu Hause erwartete.

### Neue Kraft

Je näher wir kamen, desto mehr schöpfte ich neuen Mut. Ich würde es schaffen. Es war nicht mehr hoffnungslos. Der neue Mut setzte neue Kraft frei. Und dann waren wir auch schon da. Wir waren zu Hause. Der Wasserturm von Abri hatte uns den Weg nach Hause gewiesen. Er hatte uns nicht den Weg an sich abgenommen, er hatte ihn nur gezeigt. Aber er war die entscheidende Orientierung, die wir brauchten.

Schnell war der erste Durst gestillt mit köstlichem Wasser und waren die Wunden an den Füßen versorgt. Schon am Abend war die Erinnerung an die Schwierigkeiten etwas verblasst, und die Freude über den schönen Ausflug überwog.

### Die Verheißungen Gottes

Als ich nachts im Bett lag, dachte ich über den Wasserturm nach. Er war wie eine Verheißung gewesen. Er stand für all das Gute, das ich mir in der Wüste so sehnlichst herbeigewünscht hatte. Ist es nicht genauso mit Gottes Verheißungen? Sie stehen fest. Was Gott sagt, existiert schon in seiner Wirklichkeit. Für uns ist die Erfüllung vielleicht noch Jahre entfernt. Aber dadurch ist sie nicht unsicher. Das Ziel steht fest.

Verheißungen Gottes sollen uns einen Weg aufzeigen. Sie geben uns eine Richtung vor, eine Vorstellung davon, wie unser Leben verlaufen soll, was auf uns wartet. Wenn wir uns auf sie ausrichten, bringen sie uns ans Ziel. Nur wer sich auf den

Weg macht und dabei keine Kosten scheut, wird auch ans Ziel kommen.

Die Verheißungen Gottes stehen für jeden fest. In Abri war es ein Wasserturm, schwarz-weiß gestrichen, der den Weg nach Hause gezeigt hat. In unserem Leben als Christen ist es das aufgerichtete Kreuz von Jesus. Wenn wir uns darauf ausrichten, die Mühen nicht scheuen und auf dem Weg zu Jesus bleiben, werden wir alles finden, was wir brauchen. Wir werden nach Hause kommen.

«Werft deshalb eure Zuversicht nicht weg, denn darauf wartet eine große Belohnung. Ihr braucht Ausdauer, damit ihr, wenn ihr den Willen Gottes für euer Leben ganz in die Tat umgesetzt habt, dann auch das erhalten könnt, was Gott euch versprochen hat.»

*Hebräer 10,35–36, das buch*

# Kapitel 6
# Die Nadel im Heuhaufen

Die Diagnose stand fest: Morbus Hodgkin, Lymphdrüsenkrebs im fortgeschrittenen Stadium. Gerade eben war noch die Arzt-Visite an meinem Bett gewesen, um mir die Mitteilung zu machen, dass die Untersuchungsergebnisse eindeutig waren. Die Ärzte ließen mich tief erschüttert zurück und gingen weiter.

### Ein gutes Ende?

Wenige Augenblicke später kam Claudia, ein Mitglied der Lebensgemeinschaft, zu der ich gehöre, ins Zimmer und wollte mich besuchen. Sie brachte einen handgeschriebenen Bibelvers mit, den sie für mich ausgesucht hatte: «Ich rufe zu Gott, dem Allerhöchsten, zu Gott, der meine Sache zum guten Ende führt» (Psalm 57,3; Luther).

Ich erzählte ihr kurz, was die Ärzte mir gerade mitgeteilt hatten. Wir konnten uns in diesem Augenblick nicht groß unterhalten, ich war noch zu sehr erschlagen von der Diagnose. Claudia saß einfach da und schwieg. Das tat gut. Nicht allein zu sein. Und dennoch nicht reden zu müssen. Die Diagnose sackte langsam in mein Bewusstsein. ICH habe Krebs.

Schon wenige Stunden später saß ein mir bis dahin unbekannter Arzt vor mir, der die Chemotherapie verantworten würde. Ich fragte ihn, wie ernst es um mich stehe. Er wich einer Antwort aus. Er wollte mir sicher Hoffnung machen und nicht mit mir über den möglicherweise nahen Tod reden.

### Wie lange noch?

Am nächsten Tag war Chefarzt-Visite, und wieder stellte ich meine Frage, wie ernst es um mich bestellt sei. Ich erklärte den Ärzten, dass mein Mann, Roland, noch in Khartum im Sudan war und dass er erst in drei Wochen zurück nach Deutschland kommen würde. Sollte ich versuchen, ihn zu erreichen, damit er früher käme? Würde ich in drei Wochen noch leben?

Ich wusste, dass mein Zustand ernst war. Ich lag allein im Zimmer. Immer wieder, tagsüber und nachts, schauten die Schwestern und Pfleger nach mir. Ihre besorgten Blicke sprachen Bände. Und nun wollte ich von dem Arzt wissen, wie ernst es wirklich um mich stand.

Er sagte etwas wie: «Es steht nicht so schlimm um Sie. Es wird alles gut werden. Aber sagen Sie Ihrem Mann, er soll so schnell wie möglich kommen!»

Wenn das keine doppelte Botschaft war! Mir war klar, dass man nicht wusste, wie lange ich noch leben würde. Und dass drei Wochen vielleicht schon zu lang für ein Wiedersehen mit meinem Mann waren.

### Unerreichbar

Doch wie sollte ich Roland überhaupt erreichen? Als ich allein aus dem Sudan ausgereist war, um mich in Deutschland medizinisch behandeln zu lassen, war die Hauptstadt Khartum noch überflutet gewesen. Einige Wochen zuvor waren extrem starke Regenfälle über den Nordsudan hereingebrochen. Der Nil war aufgrund von außergewöhnlichen Regenmengen im Hochland von Äthiopien über die Ufer getreten. Nilflut und Regenmengen führten jetzt dazu, dass die Straßen von Khartum überflutet waren. Viele Menschen waren gestorben. Sehr viel mehr Menschen hatten in den vom Regen aufgeweichten Lehmhütten, die dann zusammengestürzt waren, all ihr Hab und Gut verloren. Die Telefonleitungen im Land waren teilweise zerstört.

Selbst die deutsche Botschaft konnte man telefonisch nicht erreichen.

Außerdem wohnte Roland in keinem Hotel mit Telefonanschluss, sondern bei einer befreundeten sudanesischen Familie. Damals gab es kaum Telefone in privaten Häusern. Es schien also aussichtslos, ihn zu benachrichtigen. Ich gab den Gedanken, mit ihm einen Kontakt herstellen zu können, einfach auf und stellte mich darauf ein, dass er dann, wie geplant, drei Wochen später nach Hause kommen würde. Und ich betete, dass ich ihn noch sehen würde.

### Einer gibt nicht auf

Doch nicht so Claudias Mann, Matthias. Er versuchte einen Weg zu finden, um Roland zu informieren. Er rief einen Tag später aus einem Impuls heraus die amerikanische Botschaft an und erreichte dort per «Zufall» einen deutschen Mitarbeiter. Ihm erklärte er die Notlage und bat ihn, Roland in Khartum zu finden und ihm zu sagen, dass seine Frau im Sterben liege. Das war nicht übertrieben, denn man konnte nicht wissen, wie die Gemengelage von Krebs im fortgeschrittenen Stadium, Malaria und Salmonellen sich entwickeln würde.

Dieser Deutsche, den wir gar nicht kannten, machte sich gleich auf die Suche. Zunächst klapperte er alle Hotels ab, in denen Ausländer normalerweise absteigen. Ohne Erfolg. Es war eigentlich aussichtslos, in dieser großen Stadt einen einzelnen Ausländer, der irgendwo privat wohnte, überhaupt zu finden. Es war wie die Suche nach einer Nadel im Heuhaufen. Doch Gott hat seine Wege.

## Gottes Timing

Roland war an diesem Tag im Stadtzentrum unterwegs gewesen. Er ging zu Fuß die anderthalb Stunden nach Hause nach Khartum-Nord. Es gab damals überhaupt erst wenige öffentliche Verkehrsmittel, und bedingt durch die Flut war es fast unmöglich, einen Platz in einem der wenigen Busse zu ergattern. Die Leute kämpften richtiggehend um die Plätze. Also war es einfacher und fast auch schneller, zu Fuß zu gehen.

Auf dem Weg von der Universität zurück nach Hause stoppte Roland an der Internationalen Kirche, zu deren Gottesdiensten wir sonntags immer gingen. Er wusste, dass sie im angrenzenden Gästehaus abgekochtes und damit sauberes Wasser hatten, das man unbedenklich trinken konnte. Und bei einem so weiten Weg und um die vierzig Grad im Schatten soll man ja viel trinken.

Er war gerade dort angekommen, als ein Mann eintrat und fragte: «Kennt hier jemand einen Deutschen namens Roland Werner?»

«Ja, das bin ich», antwortete Roland.

Der deutsche Mitarbeiter aus der amerikanischen Botschaft

hatte ihn gefunden. Wäre er wenige Minuten vorher oder nachher in das Gästehaus gekommen, hätten sie sich verpasst. Gott hatte wieder mal ein Wunder getan.

### Ein wahrer Engel

Doch nicht nur das Treffen war ein Wunder. Es ging noch weiter. Dieser Mann fuhr Roland zum Büro der Fluggesellschaft, bei der wir den Rückflug gebucht hatten. Sie kauften ein Flugticket noch für die gleiche Nacht. Auch das war nicht selbstverständlich, denn damals gab es nur zweimal in der Woche überhaupt einen Flug nach Deutschland.

Der Mitarbeiter der Botschaft fuhr Roland nach Hause, half ihm beim Kofferpacken, brachte ihn spätnachts noch zum Flughafen und sorgte durch seine Hilfe dafür, dass Roland schon am nächsten Tag bei mir in Marburg sein konnte.

Ich konnte es kaum glauben. Was für eine Ermutigung! Ich hatte es gar nicht zu hoffen gewagt, dass wir uns so bald wiedersehen würden – oder besser gesagt: überhaupt wiedersehen würden –, und nun stand Roland schon am dritten Tag nach der schweren Diagnose an meinem Bett.

Wir waren beide so froh, uns wiederzusehen. Denn schon beim Abschied in Khartum hatten wir beide geahnt, dass ich ernsthaft krank war. Er konnte nicht mitkommen, weil er seinen Forschungsaufenthalt im Zusammenhang mit seiner wissenschaftlichen Mitarbeiterstelle an der Universität Frankfurt nicht eigenmächtig verkürzen wollte. Schon da, beim Abschied am Flughafen in Khartum, hatten wir irgendwie geahnt, dass es gar nicht selbstverständlich war, dass wir uns wiedersehen würden.

## Gott hat alles im Blick

Eins war klar: Gott hatte die Kontrolle über die Situation. Wenn es ihm gelungen war, Roland in der großen Stadt, die sich über viele Kilometer in alle Richtungen ausdehnt, von einem uns unbekannten Deutschen finden zu lassen und dann noch dafür zu sorgen, dass Roland sofort einen Flug bekam, dann war für mich auch klar, dass er Herr über meine Krankheit war. Mit allem, was dazugehört.

Gott hatte uns wieder zusammengebracht. Trotz aller widrigen Umstände. Sollte es ihm da unmöglich sein, durch die Behandlung den Krebs zu besiegen?

Als ich einen Tag später operiert wurde, um Gewebeproben aus einem der Knoten im Bauch zu entnehmen und um zu sehen, welche Art von Lymphdrüsenkrebs ich hatte, war Roland da. Seine Besuche und seine Unterstützung waren mir sehr wichtig in dieser Zeit. Wir konnten nur staunen und Gott danken, dass er es möglich gemacht hatte.

## Nicht der Krebs soll mich beherrschen

Die Behandlung zog sich fast ein ganzes Jahr hin. Sie war sehr schwer. Doch durch das Wunder am Anfang der Krankheitszeit war mir klar, dass Gott die Kontrolle hatte und dass alles, was mit mir geschah, kein Schicksal oder Zufall war, sondern Gottes Weg mit meinem Leben. Deshalb konnte ich auch Ja dazu sagen. Nicht der Krebs hat mein Leben beherrscht, Jesus war und ist der Herr. Seither weiß ich, dass Gott alles im Griff hat. Egal, wie unmöglich es mir auch erscheint: Gott hat seine Wege mit uns. Und er ist immer Herr der Lage und kann jederzeit Wunder tun. Darauf will ich mich auch in Zukunft verlassen. Gesund oder krank. Mein Leben ist in Gottes Hand.

«Denn ich weiß wohl, was ich für Gedanken über euch habe, spricht der HERR: Gedanken des Friedens und nicht des Leides, dass ich euch gebe das Ende, des ihr wartet.»

*Jeremia 29,11; Luther*

# Kapitel
# **Wunden heilen**

Mein Vater war eigentlich Landwirt. Er wuchs bei seinem Vater auf, der aber oft mehrere Tage am Stück abwesend war, denn er war als Schweine-Einkäufer auf dem Land unterwegs und kam nur zum Verkauf der Tiere wieder zurück nach Duisburg, wo er sie dann an den Schlachthof verkaufte. Meine Großeltern hatten sich schon früh scheiden lassen. Die Söhne wurden getrennt. Meine Großmutter zog den jüngeren Bruder auf, mein Großvater meinen Vater. Oft war er als Kind ganz allein, wenn Opa seine Schweine-Einkäufe machte. Sogar am Tag seiner Konfirmation ging mein Vater nach dem Gottesdienst allein nach Hause, zog sich um und spielte mit den Jungs auf der Straße Fußball. Keine Feier, keine Familie, keine Geschenke.

### Knecht auf dem Hof

Als mein Vater älter wurde, sorgte mein Großvater dafür, dass er als Knecht auf verschiedene Bauernhöfe kam. Das war kein einfaches Leben, denn mal war mein Vater Teil der Familie, mal wurde er wie ein Sklave behandelt und weder beachtet noch geachtet. Doch das Gute war: Er konnte die Ausbildung zum Landwirt machen. Oft erzählte er mir die Geschichten, die er in den Familien erlebt hatte. Und besonders freudig erzählte er von einer Familie, bei der er als Knecht mit am Tisch sitzen und mit den Hausherren und deren Kindern gemeinsam aus den großen Schüsseln essen durfte.

## Lungensteckschuss

Als junger Mann wurde er dann in den Zweiten Weltkrieg einberufen und kam nach Russland an die Front. Dabei wurde er schwer verletzt: Bis an sein Lebensende steckte ein Granatsplitter in seiner Lunge, der nicht entfernt werden konnte, sich aber nach einigen Wochen im Lazarett verkapselte. So konnte er weiterleben.

Sein ganzes Leben lang verfolgten ihn die schrecklichen Erlebnisse, die er dort an der Front gehabt hatte. Schließlich war er noch geflüchtet und hatte trotz der Verwundung den Weg von Russland nach Hause geschafft. Doch sein Lungensteckschuss blieb ein Problem. Inoperabel und unübersehbar auf jedem Röntgenbild. Er konnte seinen geliebten Beruf als Landwirt nicht mehr ausüben, weil er nicht mehr schwer heben und körperlich arbeiten durfte. Der Splitter hätte sich jederzeit losreißen und die Lunge weiter beschädigen können.

## Durchkreuzte Pläne

Dieser Lungensteckschuss durchkreuzte alle Pläne und Träume für sein Leben. Statt körperlich fit zu sein und viel zu arbeiten, blieb für ihn nur ein Hilfsjob ohne große körperliche Belastung übrig. Er wurde Waschkauenwärter in der «Hütte», das heißt, er putzte die Duschkabinen der Bergleute, die bei uns im Duisburger Norden «unter Tage» gingen. Später wurde er Verwieger. Seine Aufgabe war es, das Gewicht der beladenen Güterzüge zu protokollieren, die das Bergwerk verließen. Immer wieder zeigte mein Vater Besuchern bei uns zu Hause sein Röntgenbild. Der Splitter war klar zu erkennen. Er trug die Spuren dieser tödlichen Bedrohung immer in sich.

## Wunden im Herzen

Ähnlich geht es uns Menschen, wenn wir alte Wunden in unserem Herzen tragen; Wunden, die sich abgekapselt haben und so ihr Eigenleben in uns führen; Wunden, die wir nicht loswerden. Die meisten von uns haben höchstwahrscheinlich keinen Granatsplitter in uns, aber so mancher Pfeil steckt noch in unserem Herzen und in unserer Erinnerung und stellt eine bleibende Verwundung dar.

Solche Pfeile können Worte sein, die über uns ausgesprochen wurden, vielleicht im Zorn, vielleicht unbeabsichtigt, vielleicht als Waffe im Zweikampf eingesetzt. Solange solch ein Pfeil noch in unserem Herzen sitzt, lähmt er uns in unseren Aktivitäten. Ist die Wunde nicht gereinigt, besteht Infektionsgefahr, und auch die tödliche Gefahr der inneren Kapitulation vor unseren Wunden ist noch nicht gebannt.

## Verdrängung und Vergebung

Wer seine inneren Verletzungen vergräbt oder übergeht, wird unweigerlich erleben, dass ihm die Kräfte und die Lebensfreude schwinden. Doch vor Gott können wir nichts verborgen halten und müssen es auch nicht. Er weiß es sowieso. Wir dürfen mit allem, was uns andere angetan haben oder was wir an Schaden durch andere erfahren haben, zu Gott, unserem Vater, kommen.

Er liebt uns, wie wir sind. Er nimmt uns an, wie wir sind. Und bei ihm bekommen wir die Kraft, die Wahrheit zu erkennen, ihr ins Auge zu sehen und einen Neuanfang zu wagen. Bei ihm erfahren wir Gerechtigkeit und Befreiung durch die Kraft der Vergebung. Wer versucht, seine Wunden zu verstecken, muss sich im Laufe des Lebens immer mehr anstrengen. Wertvolle Lebenskraft, die eigentlich Gutes und Neues schaffen, kreativ und freudig das Leben gestalten könnte, wird dann gebraucht, um den inneren Scherbenhaufen zu verstecken.

### Die Kraft der Gnade

Die Kraft der Gnade allein ist es, die unsere Lebenskraft wiederherstellt. Da, wo ich das Unrecht beim Namen nenne – das, was ich getan habe, und das, was mir angetan wurde –, da, wo ich vergebe oder auch um Vergebung bitte, da entsteht neue Kraft, neues Leben. Jesus ist gekommen, um uns durch die Vergebung eine tiefe und echte Heilung zu ermöglichen.

Doch die Kraft, die neu in mich fließt, macht mich nicht gleich zum Superhelden. Es kann sein, dass ich in jungen Jahren so tief und so anhaltend verletzt worden bin, dass ich nie zu meiner vollen ursprünglichen Kraft zurückkehren kann. Aber ich kann Schritte in die richtige Richtung gehen und meine Kraft durch ständiges Üben weiterentwickeln und stärken.

### Lernen zu leben

Der Steckschuss blieb ein Leben lang im Körper meines Vaters. Doch er hatte gelernt, damit zu leben und sich nicht davon hindern zu lassen. Manche Wunde in unserem Herzen wird durch Vergebung geheilt. Und dennoch bleibt sie ein Element unseres Lebens. Wir können manches nicht ungeschehen machen, aber wir können lernen, damit zu leben.

«Vergib uns unsere Schuld, wie auch wir vergeben unseren Schuldigern.»

*Matthäus 6,12; Luther*

# Kapitel

# Ein Angsthase wird mutig

Das Telefon klingelte. Mein Mann Roland ging dran. Mit halbem Ohr hörte ich noch, dass es um einen Termin ging, den er für Pfingsten angenommen hatte. Das große Jugendfestival «Dynamis» hatte ihn als Hauptredner für die Konferenz eingeladen. Ich ging in die Küche und räumte auf.

«Elke, sie haben auch eine Frage an dich», hörte ich mit halbem Ohr.

«Ich kann jetzt nicht weg, worum geht es denn?», rief ich durch die offene Küchentür.

«Sie fragen, ob du ein Seminar machen kannst.»

### Schnell kalkuliert

Blitzschnell rasten die Gedanken durch meinen Kopf. Ob ich das wohl kann? Und wie viele Leute werden mir zuhören?

«Wie viele Seminare gibt es denn?», fragte ich zurück.

«Etwa acht oder mehr!» Die Antwort beruhigte mich, ich wäre also nicht die einzige Referentin.

«Wie viele Leute erwarten sie denn?», fragte ich, um schnell ausrechnen zu können, wie viele dann wohl in mein Seminar kommen würden.

«Ein paar hundert», war die Antwort.

Ich rechnete: Ein paar hundert geteilt durch acht, das wären im schlimmsten Fall zwischen sechzig und achtzig Leute. Das konnte ich schaffen. Ich hatte bis zu diesem Zeitpunkt noch nicht vor vielen großen fremden Gruppen gesprochen und konnte mir auch schwer vorstellen, es öfter zu tun. Dafür war ich nun wirklich zu scheu und zu ängstlich. Das konnten sicher nur Leute tun, die von Gott besonders begabt waren und die keine Angst vor großen Menschengruppen hatten. In wenigen Sekunden hatte ich alles durchdacht und kalkuliert.

«Ja, ich kann ein Seminar machen», rief ich Roland zu. Damit war das Thema erst einmal erledigt. Ich konnte mich ganz meinen Aufgaben in der Küche widmen.

### Vom Vertrauen überrascht

Einige Wochen später kam der Einladungsprospekt zu dem Jugendfestival Dynamis. Mein Seminar war wie vereinbart angekündigt. Und viele andere interessante Themen auch. Da wir noch nie bei Dynamis gewesen waren, hatte ich keine Ahnung, wie viele junge Leute damals zu diesem Pfingstfestival des Württembergischen Brüderbundes kamen.

Der damalige Leiter, Wilhelm Wagner, der inzwischen verstorben ist, hatte mich bei einer Sitzung des Rings Missionarischer Jugendbewegungen kurz kennen gelernt und daraufhin entschieden, dass ich bei Dynamis reden sollte.

Zu diesem Zeitpunkt war ich schon lange im Christus-Treff in Marburg aktiv, predigte und hielt Vorträge vor einigen hundert Menschen dort, war aber noch nicht oft in anderen Städten unterwegs gewesen und hatte noch kaum Erfahrung im Umgang mit großen, mir noch unbekannten Zuhörerschaften. Wilhelm Wagner hatte den Mut, eine unbekannte und unerfahrene Rednerin wie mich einzuladen. Schon einige Tage vorher hatte ich meinen Workshop gut vorbereitet in der Tasche.

### Falsch gerechnet

Roland fuhr vor mir nach Esslingen, weil ich noch einen wichtigen Termin in Ostdeutschland hatte, den ich nicht absagen konnte. Ich kam also am Abend vor dem Festivalstart mit dem Zug an. Kurz vor Mitternacht holten mich Roland und einer der Leiter von Dynamis, Frank Bossert, an der S-Bahn-Station ab.

Müde und dennoch gespannt auf das, was mich erwartete, kam ich bei Wagners an. Es gab einen kleinen Imbiss, und dann wurde kurz der nächste Tag durchgesprochen.

«Wie viele Teilnehmer sind denn in meinem Seminar angemeldet?», fragte ich.

«Etwa tausend. Wir denken aber, dass es auch noch spontan mehr werden könnten. Wir haben dein Seminar in der Turnhalle angesetzt, in der die Hauptveranstaltung stattfindet. Dann haben wir auf jeden Fall genug Platz für alle, die noch spontan kommen wollen.»

Etwa tausend? Hatte ich das richtig gehört? In mir wirbelten die Gedanken durcheinander. Eintausend Menschen! Und denen sollte ich etwas sagen! War nicht die Rede gewesen von ein paar hundert insgesamt und etwa sechzig bis achtzig in meinem Seminar? Langsam dämmerte es mir.

«Ein paar hundert ...», hatte Roland auf meine Rückfrage hin gesagt. Ja, ein paar hundert in meinem Seminar, und nicht, wie ich dachte, auf dem gesamten Jugendfestival! Da waren gut dreitausend oder mehr Besucher.

Wenn ich das damals geahnt hätte! Ich bin mir heute noch sicher, dass ich dann abgesagt hätte. Ich hätte noch nicht den Mut aufgebracht, vor einer so großen Gruppe zu reden. Doch jetzt blieb mir ja wohl nichts anderes übrig.

### Im Gebet Mut getankt

Diese Nacht vor Pfingsten war eine Gebetsnacht für mich. Ich fühlte mich hilflos und nicht geeignet für diese Herausforderung. Hätte Gott nicht bessere Redner finden können? Warum gerade ich? Was wäre, wenn ich anfangen würde zu stammeln und zu stottern und nichts Vernünftiges herausbrächte? Wenn die Jugendlichen und jungen Erwachsenen enttäuscht wären?

Der Tag kam und damit auch mein Seminar. Wilhelm Wagner setzte sich in die erste Reihe und lächelte mich die ganze Zeit wohlwollend und unterstützend an. Die Halle schien mir riesig groß zu sein. Viele junge Leute setzen sich überall verstreut in der Turnhalle hin. Es wurde zunehmend unruhig, überall murmelten die Leute miteinander.

Ich begann meinen Vortrag, und während ich redete, spürte ich, wie ich ruhiger wurde und dass Gott mir half, meine Gedanken zu formulieren. Ich vergaß meine Angst. Ich vergaß meine Aufregung. Die Worte wurden mir geschenkt, ja, man könnte sagen: in den Mund gelegt. Gottes Heiliger Geist gab sie mir, während ich redete.

Natürlich hatte ich mich auch gut vorbereitet. Aber als ich im Vertrauen auf Gottes Hilfe anfing zu reden, erlebte ich Gottes Hilfe. Satz für Satz. Für mich war es ein Wunder. Ein Pfingstwunder der besonderen Art. Nicht wie damals, als die Jünger vom Heiligen Geist erfüllt in den unterschiedlichsten

Sprachen redeten, aber dennoch ein «Sprachwunder». Gott hatte meine Angst genommen, meine Zunge gelöst und mir die richtigen Worte geschenkt. Durch seinen Geist. Während meines Vortrags hätte man eine Stecknadel fallen hören können. Viele kamen nachher auf mich zu und erzählten, was Gott ihnen durch das Seminar deutlich gemacht hatte.

### Begeistert von Gottes Geist

Ich war begeistert. Begeistert von Gottes Geist. Von dem, was er mit ängstlichen und schwachen Menschen tun kann, wenn sie ihm vertrauen. Ich hätte nicht genug Selbstvertrauen gehabt, um aus freien Stücken zuzusagen. Aber Gott fand einen Weg, mich an diesen Platz zu bringen, an dem er mir zeigen konnte, was zu tun *er* in der Lage ist.

Bis heute ist dieses Erlebnis an Pfingsten beim Jugendtreffen Dynamis für mich eine wichtige Erfahrung, ein echter Wendepunkt in meinem Dienst. Denn ich habe gelernt, Gott zu vertrauen, dass er die Gabe für die Aufgabe schenkt. Und dass er auch heute noch seinen Jüngern hilft, die Botschaft zu verkündigen. Wenn Wilhelm Wagner nicht den Mut gehabt hätte, mich einzuladen, wenn ich nicht die Zahlen missverstanden hätte, wenn ich nicht erlebt hätte, wie Gott hilft: Ich würde heute wahrscheinlich weder in Deutschland noch in anderen Ländern unterwegs sein, um Vorträge zu halten.

Gott hat meine Grenzen, die ich aus Angst gezogen hatte, durchbrochen. Ich habe gelernt, zu tun, was Gott mir vor die Füße legt. Ich habe gelernt, nicht auf meine eigene Kraft zu sehen, sondern die Kraft Gottes in Anspruch zu nehmen, die seit Pfingsten in denen wirksam ist, die zu Gott gehören.

Und was ist mit der Angst? Die ist häufig immer noch da. Aber ich habe gelernt und lerne immer mehr, sie nicht über Gottes Auftrag zu stellen, sondern sie zu überwinden.

«Sondern ihr werdet Kraft empfangen, wenn der heilige Gottesgeist auf euch kommen wird. Dann werdet ihr meine Botschafter sein, verlässliche Zeugen, in Jerusalem und in ganz Judäa und Samaria und bis in die letzten Winkel der Erde.»

*Apostelgeschichte 1,8; das buch*

# Kapitel 9
# Eine Kinderbibel für die Enkel

An Bord des Schaufelraddampfers aus Dresden hatte ich gemeinsam mit anderen die Verantwortung für die Mitarbeiter bei einem missionarischen Einsatz im Jahr der Bibel. Junge Christen, viele davon Schüler am Kolleg des CVJM in Kassel, waren für je zwei Wochen mit uns unterwegs.

An Bord des altehrwürdigen Dampfers war eine Bibelausstellung installiert: vom Beduinenzelt bis zum Computer, von der Tradition der mündlichen Weitergabe der biblischen Geschichten bis hin zur Aufnahme der Inhalte in zeitgenössischer Kunst und den neuen Medien. Ebenso war an den jeweiligen Anlegeplätzen auf dem Weg nach Hamburg ein reichhaltiges Veranstaltungsprogramm mit Gemeinden vor Ort geplant. Und natürlich gab es einen sehr gut bestückten Verkaufsstand für Bibeln und Bücher zur Bibel.

### Kein Wasser unter dem Kiel

Es gab viele Probleme auf dieser Tour. Die meisten machte uns die Elbe. Sie führte in dieser Sommerzeit nicht genug Wasser, denn es hatte im Quellgebiet des Flusses nicht genug geregnet. Der alte Schaufelraddampfer brauchte eine gewisse Wassertiefe, um den ganzen Weg von Dresden bis nach Hamburg zu schippern. Und die war nicht gegeben. Was tun? Wir mussten notgedrungen manchen Orten, wohin wir mit der schwimmenden Bibelausstellung kommen wollten, absagen. Zu anderen fuhren wir über Land, packten die gesamte Ausstellung auf Lastwagen und bauten sie in Kirchen und anderen größeren Sälen auf. Kurzum, es kam dazu, dass wir länger als geplant in Dresden bleiben mussten.

Im Nachhinein kann ich sagen, dass es gut so war. Kurz zuvor war in den neuen Bundesländern Religionsunterricht eingeführt worden. Schnell sprach sich herum, dass das Bibelschiff in Dresden am Elbufer lag. Scharen von Schulklassen aus der ganzen Stadt und dem Umland meldeten sich an. Eine bessere Einführung in die Bibel hätten sie gar nicht bekommen können. Davon waren auch die Lehrer überzeugt und kamen mit ihren Klassen aufs Schiff.

### Begegnung mit Gottes Wort

Für viele Dresdener war es vielleicht sogar das erste Mal, dass sie einen Blick in die Bibel warfen. An einem Tag war ein älterer Herr gekommen, hatte sich eine Bibel genommen und dann mehrere Stunden in einer Ecke gesessen und gelesen. Er vergaß die Welt um sich her. Erst am Abend hörte er auf, als wir die Schiffstüren zuschließen wollten. Aber am nächsten Morgen war er wieder da und las weiter. Am Ende kaufte er sich dann eine eigene Bibel.

### Von Tränen überrascht

Eines Mittags vertrat ich kurz den Mitarbeiter am Büchertisch. Eine ältere Dame nahm sich eine Bibel und blätterte darin. Doch etwas war anders als sonst. Sie weinte. Was war geschehen? Die Tränen liefen ihr über das Gesicht. Sie konnte noch nicht sprechen.

Kurze Zeit später erklärte sie mir, warum sie weinte. Ihre Eltern hatten als entschiedene Christen gelebt. Als Kind hatte sie deshalb viel Kontakt zur Kirche und zu Christen gehabt. Sie musste viele Lieder und Bibelverse auswendig lernen. Und immer hatten ihre Eltern ihr gesagt: «Kind, auf Gott allein ist Verlass. Wenn du nicht mehr weiterweißt, halte dich an Gott.»

Doch als sie älter und von den Eltern unabhängig wurde, wählte sie einen ganz anderen Weg. Gemeinsam mit ihrem Mann war sie begeistert beim Aufbau des sozialistischen Staates, der DDR, dabei. Sie brauchte Gott nicht mehr. Sie wollte eine neue Gesellschaft aufbauen, die Welt verbessern, ohne Gott.

So hatte sie sich viele Jahre mit ihrem Mann ganz in die Ideologie und in das System der DDR hineingegeben. Erst als der Staat zusammenbrach, die Mauer fiel und offensichtlich wurde, dass ihre Ziele nicht mehr erreicht werden konnten, war es für sie, als ob sie aus einem Traum erwachte.

### Die harte Zeit der Wende

Für sie und ihren Mann begann eine sehr harte Zeit. Vorher bei allen Nachbarn und Kollegen respektiert, jetzt als Mitarbeiter des verhassten abgelösten Regimes von allen verachtet. Vorher hatten sie und ihr Mann alles für den Staat gegeben, jetzt mussten sie feststellen, dass das ein Fehler war, dass es diesen Staat gar nicht mehr gab. Hatten sie wirklich so viele Jahre auf das falsche Pferd gesetzt? War all ihr Einsatz umsonst gewesen? Gab es denn gar keinen Dank, keine Anerkennung für sie? Immerhin hatten sie sich ganz für die gute Sache des Sozialismus eingesetzt.

Doch nun änderten sich alle Verhältnisse. Was vorher noch als gut und richtig erlebt worden war, wurde über Nacht von vielen als falsch angesehen und abgelehnt. Sie erzählte mir, dass ihr Mann nach der Wende in ein großes inneres Loch gefallen sei. Er war stark depressiv geworden. Er hatte keine Hoffnung mehr und keinen Mut, sich noch einmal auf etwas Neues einzulassen. Doch bei ihr setzte eine andere Entwicklung ein. Sie fing an, sich an ihre Eltern zu erinnern und an ihren Rat von damals, sich in großer Not an Gott zu wenden.

## Zurück zu Gott

Sie besann sich auf den Glauben ihrer Eltern. Sie machte sich auf die Suche nach Gott. Sie wollte ein festes Fundament für ihr Leben haben, eines, das nicht mit den Herrschern dieser Welt steht und fällt, kommt und geht. Deshalb versuchte sie, neu bei Gott anzuknüpfen. Sie meldete sich zur goldenen Konfirmation an, fünfzig Jahre nach ihrer Konfirmation im vierzehnten Lebensjahr. Konfirmation heißt: festmachen. Sie wollte ihren Glauben festmachen. Das ging nur unter Protest ihres Mannes und der Kinder, ihrer ganzen Familie. Doch sie wollte bewusst wieder an ihren Kinderglauben anknüpfen. Sie wollte mit Gott leben.

So war sie in diesem Jahr, 1992, zu ihrer goldenen Konfirmation gegangen. Und dort hatte sie ihren Konfirmationsspruch wieder gehört. Er zeigte ihr, dass Gott sie annimmt, dass er ihr keine Vorhaltungen macht, dass er sie als seine geliebte Tochter zu sich zieht. Die goldene Konfirmation war für sie genau das, ein Festmachen, ein «Konfirmieren» ihres wiedergewonnenen Glaubens.

## Gott spricht durch sein Wort

All das ging ihr durch den Kopf, als sie vor mir an dem Verkaufstisch stand. Sie weinte, denn sie hatte eine Bibel in die Hand genommen und per Zufall ihren Konfirmationsspruch aufgeschlagen. Oder besser gesagt: Gott hatte es so geführt, dass sie genau diesen Bibelvers aufschlug. Sie war so berührt von der Tatsache, dass Gott ihr durch diese Worte immer wieder seine Liebe deutlich machte.

Und gleichzeitig, so sagte sie, war sie sehr traurig. Warum? Nun, ihre ganze Familie war gegen ihren Glauben. Sie sahen in ihr fast so etwas wie eine Verräterin. Für ihre Familie war ihre Entscheidung ein Rückschritt in eine längst überholte Religion. Für sie selbst war es der Weg zurück zu Gott selbst.

Jetzt war sie traurig, dass sie versäumt hatte, ihren eigenen Kindern solch ein Fundament für das Leben mitzugeben, wie ihre Eltern es bei ihr getan hatten. Ein Fundament im Glauben an Gott, auf das man zurückfallen kann, wenn man in Not ist. Warum hatte sie ihnen nie von Gott erzählt? Würden auch sie Gott noch finden können? Und was war mit ihren Enkeln? Auch sie hatten nie von Gott gehört, kannten nicht eine einzige biblische Geschichte, kein christliches Lied.

## Ein Erbe für die Kindeskinder

Ihr Blick fiel auf die Kinderbibeln, die wir anboten. Ja, sie wollte eine kaufen. Ihren Enkeln wenigstens wollte sie die Prägung und das geistliche Erbe mitgeben, die sie selbst als Kind erhalten hatte. Ihre Kinder wollten von all dem «frommen Kram», wie sie es nannten, nichts wissen. Aber ihre Enkel konnte sie vielleicht darauf hinweisen, dass es einen Gott gibt, der uns Menschen liebt. Und der auf uns wartet. Manchmal viele Jahre, bis wir zu ihm kommen und mit ihm leben wollen. Auf seinem festen Fundament.

### Fester Boden unter den Füßen

Als sie die schwankenden Bohlen des Schiffes verließ, hatte sie im doppelten Sinn wieder festen Boden unter den Füßen. Vor allem für ihr eigenes Leben. Und sie hatte Hoffnung für ihre Enkel im Gepäck. Die Kinderbibel sollte ihnen den Weg zu Gott zeigen. Für sie sollte das Jahr 1992 wirklich ein Jahr mit der Bibel werden.

«Denn es sollen wohl Berge weichen und Hügel hinfallen, aber meine Gnade soll nicht von dir weichen, und der Bund meines Friedens soll nicht hinfallen, spricht der HERR, dein Erbarmer.»

*Jesaja 54,10; Luther*

# Kapitel 10
# Gott – was ist das?

«Der Zirkus ist da!», sagten einige Leipziger, als sie unsere Zelte auf einer Wiese mitten in der Stadt sahen. Was sie sahen, war nicht der Zirkus, sondern der Gebetsgarten zum Vaterunser, den wir Mitarbeiter aus dem Christus-Treff und anderen christlichen Gemeinschaften und Werken im Rahmen des Kirchentages 1997 in einem Wohngebiet in Leipzig aufgebaut hatten.

### Das Vaterunser erleben

Auf einer großen Wiese standen einige Zelte und andere Konstruktionen, außerdem waren einzelne Wege zu erkennen, die parallel über die ganze Wiese führten. Am Eingang stand ein Zelt mit der Aufschrift «Das Vaterunser».

Neugierig erschienen die ersten Besucher aus der Umgebung, als alles noch überall herumstand und -lag. Zunächst einmal kamen die Kinder, die vielleicht Tiere oder wirklich einen Zirkus erwarteten. Begeistert ließen sie sich auf die verschiedenen aufgebauten Stationen ein, an denen man durch praktische Übungen etwas über das Vaterunser lernen konnte. Meistens brachten sie am nächsten Tag den Rest ihrer Familie mit, Jung und Alt.

Für uns war es schön, dass die Menschen kamen. Denn wegen einer technischen Panne des Kirchentagvorbereitungskreises hatte man vergessen, unseren Gebetsgarten im Programmheft zu erwähnen, obwohl wir eine offizielle Veranstaltung des Kirchentages waren. Wir konnten also nur auf Mund-zu-Mund-Propaganda hoffen. Außerdem waren ständig Mitarbeiter auf dem Kirchentagsgelände und in der Stadt unterwegs, um durch von uns schnell noch gedruckte Zettel auf den Gebetsgarten aufmerksam zu machen. Der Erfolg war sichtbar. Immer wieder kamen Leute, teilweise sogar trotz Regen, im Lauf der Tage sicher mehrere tausend. Wir hatten jedenfalls alle Hände voll zu tun.

### Geheiligt werde dein Name!

Der ganze Gebetsgarten war in sieben unterschiedliche Bereiche eingeteilt, entsprechend der einzelnen Bitten im Vaterunser. So war in dem Bereich «Geheiligt werde dein Name» ein Zelt aufgebaut, in dem es um Namen ging.

Im Eingangsbereich hingen hunderte Namen von der Decke herab. Geschrieben auf Streifen aus unterschiedlichen Materialien: Packpapier, Goldfolie, weißem Papier, buntem Papier, Alufolie usw. Man musste sich richtig einen Weg durch diesen «Namenwald» bahnen. Berühmte, beliebte und beliebige Namen waren dort zu lesen, Namen von Politikern, Philosophen, Fußballstars und beliebten Filmschauspielern.

Am Ende dieses Namenwaldes gab es einen Vorhang. Wer den Vorhang öffnete, sah einen Thron, den wir eigens dafür gebaut hatten. Sonst nichts. Auf dem Begleitzettel zu den Stationen, der den Besuchern Impulse zum Nachdenken geben sollte, standen dann Fragen: Welchen Namen würde ich auf diesen Thron setzen? Welchem Namen diene ich? Wen bete ich an?

## Wer sitzt auf dem Thron?

Dass diese Station in sich gut verständlich war, wurde beim Besuch eines Fernsehteams deutlich, das sich für die Berichterstattung vom Kirchentag auch unseren Gebetsgarten ausgesucht hatte, weil man dort gute Filmaufnahmen machen konnte. Außerdem war der Gebetsgarten eine neue und außergewöhnliche Methode, wie man Glaubensinhalte vermitteln kann.

So kam das Kamerateam, um bei uns zu filmen. Der Namenwald war schnell als Motiv auserkoren. Dort konnte man gut mit der Kamera durchgehen. Als die Redakteurin das Zelt zunächst einmal in Augenschein nahm, öffnete sie den Vorhang und rief gleich aus: «Ah, ein Thron. Da sitze ich drauf. Ich bin der Herr über mein eigenes Leben!» Sie hatte die Anleitung nicht einmal gelesen, sie hatte nur spontan auf den Eindruck des Throns reagiert.

## Meditation – wie geht das?

Auch bei den Kindern war der Namenwald beliebt. Immer wieder kamen sie und suchten nach den Namen ihrer Idole. Eines Tages kam ein etwa neunjähriger Junge und ging in das Zelt. Als er nach längerer Zeit nicht wieder rauskam, wurde ich unruhig. Ich ging hinterher. Er war nirgends zu sehen. Ich öffnete den Vorhang zwischen dem Namenwald und dem Thron, und da saß er. Auf dem Thron. Die Arme verschränkt, die Augen geschlossen. Er machte die Augen noch nicht einmal auf, als ich ihn ansprach.

«Was machst du da?», fragte ich.

«Ich meditiere», sagte er in einer Stimmlage, die seine Aussage noch unterstrich.

«Wie geht das denn?», fragte ich ihn.

Ohne äußerlich zu reagieren, sagte er im gleichen, östlicher Meditation angemessenen Ton: «Das weiß ich nicht!» Die Augen blieben geschlossen, er verzog keine Miene.

Ich war überrascht. «Du kannst doch auch beten», rutschte es mir raus.

«Das weiß ich auch nicht, wie das geht», kam die Antwort.

«Du kannst mit Gott reden wie mit mir – oder, besser gesagt, wie du mit deinem besten Freund redest», erwiderte ich.

Nun riss er die Augen auf, setzte sich aufrecht hin und fragte mich ganz überrascht: «Gott? Was ist das?»

### Noch nie gehört ...

Nun war ich überrascht. Konnte das sein? Er hatte anscheinend noch nie von Gott gehört. Dass es einen Gott gibt. Und was man sich unter Gott vorstellen kann. Er dachte, ich würde ihm einen Gegenstand, eine Sache, eine neue Marke auf dem Markt anbieten. Er fragte nicht: «Gott, wer ist das?» Er fragte: «Gott, was ist das?» Mich hat diese Frage aufgeweckt. Es gibt anscheinend in Deutschland junge Menschen, die noch nie etwas von Gott gehört haben. Es gibt viele Kinder, die keine biblischen Geschichten kennen, die gar nichts über Gott wissen.

Der Ort, an dem diese Begegnung und das Gespräch stattfanden, barg ein Stück der Antwort auf die Frage «Was oder wer ist Gott?» in sich: «Unser Vater im Himmel» – das fasst alles zusammen. Gott ist unser Vater, der uns liebt und der für uns sorgt. Ob wir ihn kennen oder nicht. Ob wir an ihn glauben oder nicht.

## Der Name Gottes

Das Vaterunser-Gebet geht weiter: Geheiligt werde dein Name! Der Name Gottes ist uns offenbart in Jesus Christus. Und Gottes Namen zu heiligen, das heißt unter anderem, ihm mit unserem ganzen Leben zur Verfügung zu stehen. Uns von ihm gebrauchen zu lassen. Gott setzt uns als seine Botschafter ein, damit auch durch uns sein Reich kommen und sein Wille auf dieser Erde geschehen kann. Wir sollen den Menschen Gott bekannt machen, ihn vorstellen. So eine Art Visitenkarte sein. Wir sollen Menschen einladen. An den Tisch des Vaters. In sein Reich. Denn sein ist das Reich und die Kraft und die Herrlichkeit in Ewigkeit.

«Doch die Menschen werden kommen vom Osten und vom Westen, vom Norden und vom Süden und Platz nehmen an der Festtafel in der neuen, alles übersteigenden Wirklichkeit Gottes.»

*Lukas 13,29; das buch*

Teil 2:

# Erzählt

# Kapitel
# Der Turmbau zu Babel

Direkt nach der Malaria-Diagnose hatte ich begonnen, starke Medikamente zu nehmen. Am nächsten Morgen ging es mir schon besser, aber das Schwindelgefühl war geblieben. Ich fand heraus, wie ich den Schwindel überlisten konnte: Wenn ich die Augen schloss, bevor ich den Kopf bewegte, und erst wieder öffnete, wenn ich ungefähr die Position erreicht hatte, aus der ich etwas ansehen wollte, dann hielt sich das Schwindelgefühl in Grenzen. So konnte es gehen! Der Theaterworkshop mit den einheimischen Evangelisten aus dem Stamm der Yali im Hochland von Irian Jaya, das heute Westpapua oder Westneuguinea genannt wird, konnte trotz meiner Erkrankung stattfinden.

### Welten begegnen sich

Einige Männer und Frauen hatten sich im dortigen Kirchengebäude versammelt und sahen uns, ihren deutschen Besuch, erwartungsvoll an. Unter Kirche muss man sich ein rechteckiges Gebäude aus Baumstämmen und Zweigen vorstellen, das mit Stroh ausgelegt ist. Die Gottesdienstbesucher sitzen zum Teil auf rauen Holzbänken, die an den Außenwänden entlang stehen, oder sitzen einfach auf dem Fußboden. Das Dach liegt nicht direkt auf den Wänden auf, sondern es gibt einen großen Spalt, durch den die frische Luft zirkulieren kann.

Hier also warteten die Teilnehmer des Theaterworkshops auf uns. Mit Hilfe unseres Übersetzers, des deutschen Missionspfarrers, der auch die kleine Bibelschule in Apahapsili leitete, gelang es uns, gut mit den Teilnehmern an unserem Workshop zu kommunizieren.

Doch schon bei der Vorstellungsrunde merkten wir, dass wir, die wir gerade aus Deutschland hierhergereist waren, über Dinge sprachen, die in dieser Welt, die noch fast ganz in der Steinzeitkultur lebte, gar nicht vorkamen. Bei unserer Vorstellung erzählten einige von unserem Team, was ihr Beruf ist. Aber: Was ist ein Buchladen? Wie sieht eine Universität aus? Und was ist ein Kindergarten? So ging es weiter. Wir spürten, dass wir aus einer anderen Welt kamen. Und zwar fast genau von der gegenüberliegenden Seite des Erdballs.

### Vom Westen in die Steinzeit

Doch wenn man es genau betrachtet, waren zwar viele Dinge aus unserer Welt für die Yali unbekannt, aber ebenso gab es für uns Neulinge viel Unbekanntes in ihrer Welt im tropischen Dschungel. Während wir aus der hoch technisierten Kultur Westeuropas kamen, hatten sie bis vor gut zwei Jahrzehnten noch völlig isoliert von der Außenwelt in einer Jahrtausende alten Steinzeitkultur gelebt. Trotz unserer völlig verschiedenen Erfahrungswelten gelang es uns bald schon, zueinander zu finden. Mit Händen und Füßen. So, wie es in einem Theaterworkshop auch sein sollte. Und mit viel Lachen.

Viele Übungen, Erklärungen, Proben und kulturelle Anpassungen später war es so weit: Wir hatten eine Aufführung für den nächsten Sonntags-Gottesdienst vorbereitet. Die Geschichte vom Turmbau zu Babel stand auf dem Programm. Außerdem wollten wir, das kleine Team aus Marburg, noch einige Stücke vorspielen, die wir schon zu Hause einstudiert hatten. Das Wort machte die Runde in den umliegenden Dörfern und Siedlungen. Der Sonntag rückte näher. Wir waren gespannt, wie die Aufführung wohl werden würde.

### Abendmahl mit Süßkartoffeln

Mir ging es gesundheitlich noch nicht gut, aber immerhin aufgrund der Malariatabletten, die ich mitgebracht hatte, mit jedem Tag besser. Ich freute mich auf die Aufführung, war gespannt, wie der Gottesdienst wohl verlaufen würde. Mit Roland hatte ich bei einer Reise im Jahr zuvor auch schon an einem Gottesdienst hier in Apahapsili teilgenommen. Übrigens bedeutet dieses Wort «Dorfplatz, auf dem man dir die Haut abzieht»; es war also der Ort, an dem die Feinde verspeist wurden. Noch wenige Jahre zuvor hatte es hier nach Stammesfehden in der Tat kannibalistische Riten gegeben.

Doch jetzt waren die Yali Christen geworden. Das brachte Versöhnung und Frieden zwischen ehemals auf den Tod verfeindeten Sippen und Dörfern mit sich. So wurde der Kreislauf der Blutrache unterbrochen, und neues Leben konnte aufblühen, ohne Angst vor Nachstellungen aus dem Hinterhalt oder einen jähen Tod durch Giftpfeile oder die Steinaxt. Apahapsili war jetzt bekannt als Ort, wo eine Kirche und eine kleine Bibelschule standen.

Im Jahr zuvor hatten Roland und ich hier auch schon an einem Abendmahlgottesdienst teilgenommen. Hier im Hochland von

Westpapua wächst kein Getreide, weil es aufgrund des Regens, der sich fast in jeder Nacht in Strömen ergießt, viel zu feucht ist. Und es gibt auch keinen Wein. Also wurde das Abendmahl mit Süßkartoffeln und abgekochtem Wasser gefeiert. Das Abendmahlsgeschirr bestand aus einem Kessel mit Wasser, das in ein Bambusrohr gefüllt wurde. Dieses Rohr ging dann von Mund zu Mund. Außerdem wurden in Würfel geschnittene, gegarte Süßkartoffeln auf Tellern weitergereicht.

## Theater um den Turmbau

Doch an diesem Sonntag, ein gutes Jahr später, würde es kein Abendmahl geben, dafür aber unser Theaterstück. Der Raum füllte sich, mehrere hundert Menschen waren es wohl. Von weit her waren die Leute gekommen. Teilweise waren sie vier Stunden zu Fuß unterwegs, um dabei zu sein. Unsere Ankunft und unser Theaterworkshop waren in vielen Dörfern Gesprächsstoff gewesen. Voller freudiger Erwartung sah man uns an und beobachtete genau, wie wir uns verhielten.

Wir waren nach der Predigt an der Reihe, kurz vor Ende des Gottesdienstes. Dabei schritten wir Akteure, Deutsche und Yali, mit je einem großen Karton bestückt in die Mitte des Raumes. Wir machten pantomimisch klar, dass wir einen großen Turm bauen wollten. Die ersten Kartons wurden als Fundament abgesetzt und dann langsam darauf aufgebaut. Am Anfang ging auch alles noch sehr gut und harmonisch. Ein Karton wurde sorgsam auf den anderen gebaut.

Doch dann kam die Szene, in der Gott eingreift und den Turm zum Einsturz bringt. Ein Einheimischer sprach die entscheidenden Worte, und unser Turm stürzte ein. Dann begannen wir alle, in den Sprachen zu sprechen, die wir sprechen konnten. Einige sprachen die Stammessprache, andere Indonesisch, wir vom Team sprachen Deutsch, einige Spanisch, Französisch, Englisch, was auch immer für eine Fremdsprache wir beherrschten. Es war ein buntes Durcheinander. Es wurde immer lauter und wilder.

### Echte Panik oder Schauspiel?

Irgendwie muss die Lautstärke und Intensität der Verwirrung der Sprachen unter den einheimischen Mitspielern Panik ausgelöst haben. Vielleicht wollten sie auch nur die Dramatik des Theaterstückes steigern. Ich weiß es bis heute nicht. Sie fingen an, einander zu schubsen und auch uns hin und her zu schieben. Dann schrien sie fürchterlich und sprangen an die Außenwände der Kirche. Wie in Panik kletterten sie an den Balken die Wände hoch, glitten durch den Luftschlitz hinaus aus der Kirche und rannten laut schreiend weiter über die Wiese.

Wir waren irritiert und verunsichert. So hatten wir das nicht geprobt! War aus Spaß Ernst geworden? Auch die Gottesdienstbesucher schauten uns verunsichert an. Was hatten wir getan? Der Missionar kam uns allen zu Hilfe. Er erklärte, dass es genauso schrecklich gewesen war, als Gott damals den Turm zerstörte und die Menschheit durch das Sprachengewirr auseinandertrieb.

Alle verstanden das. So schrecklich musste es damals in Babel gewesen sein. So Furcht einflößend, dass die Menschen, mit denen man soeben noch gut zusammengearbeitet hat, auf einmal eine andere Sprache sprechen, angreifen, zu Feinden werden.

## Mit dem Herzen kommunizieren

Uns allen wird die Geschichte vom Turmbau so in Erinnerung bleiben. Mit der Panik, mit den Bildern vor Augen, wie unsere Mitchristen vom Stamm der Yali schier um ihr Leben rannten. Auch wenn uns die Sprache wirklich trennte und wir nur mühsam Kontakt aufnehmen konnten, erlebten wir dennoch im Workshop und auch im Gottesdienst, dass Gott uns wieder zusammenführt.

Die Getürmten – und dieses Wort erhielt für uns eine neue Bedeutung – kamen schließlich wieder zurück. Fröhlich lachend und begeistert über den Erfolg unserer Aufführung fielen wir uns in die Arme. Es war eben doch nur ein Spiel gewesen, eine Theateraufführung.

Und die Gemeinschaft, die Jesus unter so unterschiedlichen Leuten wie den Yali auf der einen und uns Deutschen auf der anderen Seite geschenkt hatte, ließ sich nicht durch Sprachbarrieren hindern. Unsere Herzen hatten schon lange miteinander kommuniziert. Wie gut, dass das Evangelium hier heimisch geworden war. Wie gut, dass wir nicht mehr Feinde sind, sondern durch Jesus Freunde sein können.

«Ihr, die ihr früher weit entfernt von Gott wart, seid ihm jetzt nahe gekommen, und zwar durch das vergossene Blut des Messias. Er selbst ist unser Friede. Er hat aus den beiden Gruppen eins gemacht und hat die trennende Mauer, die dazwischenstand, abgerissen, nämlich die Feindschaft. [...] Sein Ziel ist es, Frieden zu schaffen und so in sich selbst aus den zweien eine neue Menschheit zu schaffen.»

*Epheser 2,13–15; das buch*

# Kapitel
# Das Kollektenschwein

Unsere Zeit als Team aus Marburg im Hochland von Westpapua ging zu Ende. Wir hatten viel gelernt. Es hatte Spaß gemacht, aber uns alle auch bis an unsere Grenzen geführt. Nun sollte der Abschied mit einem Fest gefeiert werden. Dazu wollte man ein «Kollektenschwein» für uns schlachten.

Was ein Kollektenschwein ist? Von den Gottesdiensten in Apahapsili habe ich ja schon erzählt. Männer und Frauen sitzen auf dem Boden. Sie singen, beten, hören eine Predigt – und sie sammeln eine Kollekte. Doch die besteht nur zum geringen Teil aus Geld. Geld gab es dort früher nicht. Auch bis in die heutige Zeit wird es nur in ganz kleiner Münze und nur in eingeschränktem Maß verwendet.

## Tauschhandel ist angesagt

Als die Missionare ins Hochland kamen – übrigens auf Einladung der einheimischen Kirche –, gab es dort noch kein Geld. Man konnte nichts «kaufen». Man musste sich alles selbst anpflanzen und besorgen, was man brauchte. Erst durch die Missionsmitarbeiter wurde das Prinzip des Austauschs von Waren gegen Geld eingeführt.

Seither gab es einen wöchentlichen Markt, auf dem man aus verschiedenen Orten zusammenkam, Lebensmittel tauschen, aber auch mit Geld bezahlen konnte. Doch nicht alle Scheine wurden akzeptiert. Nur die kleinsten, roten Scheine waren in den Augen der Einheimischen richtiges Geld. Alle größeren Scheine wurden abgelehnt. So war nur wenig an Zahlungsmitteln im Umlauf, denn man konnte im Hochland kaum etwas damit anfangen. Doch Stück für Stück wurde der bisherige Tauschhandel um eine kleine Geldwirtschaft erweitert.

Übrigens war und ist es wichtig, dass die Yali und die anderen Stämme im Hochland auf diese Weise sanft und vorsichtig in die Neuzeit eingeführt wurden. Denn nur wenige Jahre später kamen auf Betreiben der indonesischen Regierung ausländische Firmen, die nach Rohstoffen graben, in die bis dahin fast unberührte Gegend. Ohne die Vorbereitung durch die Missionare wären die Einheimischen leicht zum Opfer skrupelloser Spekulanten geworden. Doch so konnten und können sie den unausweichlichen kulturellen Wandel selbstbestimmter erleben und gestalten.

## Mehr Arbeit für das Kollektenteam

Doch zurück zum Gottesdienst in der Buschkirche in Apahapsili! Was landete nun in der Kollekte? Natürlich auch einige rote Geldscheine. Aber vor allem Lebensmittel. An der Stelle, an der in unseren deutschen Gottesdiensten kleine Beutel oder Körbchen durch die Reihen gereicht werden, gibt es hier für die Mitarbeiter im Kollektenteam mehr Arbeit zu bewältigen.

Mit großen, aus Pflanzenfasern geknüpften Netzen gehen sie durch die Reihen, und jeder steckt etwas hinein: Gemüse, Süßkartoffeln, Obst, Wurzeln. Von dem, was sie besitzen, geben alle etwas ab. Die großen Netze voller Lebensmittel werden am Ende nach vorne gebracht. Jeder hat ein Opfer gebracht, jeder will dazu beitragen, dass die Gemeinde sich entwickeln kann und noch andere Menschen die Botschaft von Jesus hören können.

Doch was geschieht mit den Lebensmitteln? Nach dem Gottesdienst, vor den Augen aller noch Anwesenden, wiegt der Missionar die Lebensmittel, die er dann der Gemeinde offiziell abkauft, um seine eigene Familie und seine Gäste zu versorgen. Das Geld ist dann für die Gemeindekasse oder die Projekte, die die Gemeinde unterstützt, bestimmt. So läuft alles fair und für jeden nachvollziehbar ab.

## Wildschwein im Erdofen

In einer Nachbargemeinde war ein Schwein für die Kollekte gespendet werden. Offenbar gab es dort einen sehr reichen oder sehr opferbereiten Menschen, denn Schweine sind das höchste Gut in dieser Gegend. Sie werden als Brautpreis und für ganz besondere Anlässe eingesetzt. Dieses Kollektenschwein musste nun irgendwie zu Geld gemacht werden. So beschloss der deutsche Pfarrer, es für unsere Abschlussfeier zu kaufen und es für uns auf traditionelle Weise zubereiten zu lassen. Das hörte sich spannend an. Wir alle freuten uns auf das Fest, das wir gemeinsam mit den Einheimischen feiern wollten, die uns durch den Theaterworkshop ans Herz gewachsen waren.

Das Fest sollte unten am Fluss stattfinden. Da ich durch die Malaria gesundheitlich noch sehr angeschlagen war, fragte ich mich zuerst, ob ich überhaupt mitgehen sollte. Doch die Vorfreude auf die gemeinsame Zeit ließ mich vergessen, dass ich krank war. Wir marschierten los. Etwa eine Stunde dauerte der Abstieg durch den dicht gewachsenen Dschungel. Über Stock und Stein, quer durch die Flora und Fauna, teilweise auf allen vieren. Wie man eben durch den Dschungel geht und rutscht, wenn Pflanzen und Erde durch den täglichen Tropenregen nass und glitschig sind.

## Geschickte Hände

Unten am Fluss angekommen, war die Anstrengung vergessen. Ein rauschender, breiter Bach, eine große Grasfläche, rundum hohe und steil ansteigende Berge, kühle Luft und viele nette Menschen. Was braucht man mehr für ein Fest? Das Kollektenschwein! Na klar, das sollten wir ja verspeisen. Es war – noch lebendig – mit uns den Berg hinuntergewandert.

Unten angekommen, machten sich die Yali an die Zubereitung. Flink und geübt kletterten die Männer auf Bäume und schlugen Äste ab. Diese wurden zu Stangen geschnitten, dann unten aufgespalten und später als Zangen benutzt. Gleichzeitig stiegen einige Männer zum Fluss hinunter und sammelten aus dem Flussbett große Steine, die in einem großen Feuer erhitzt wurden. Das Feuer war natürlich durch das Reiben von Stöcken entzündet worden!

Dann wurde an einer anderen Stelle ein Loch von mehr als einem Meter Durchmesser in die Erde gegraben. In dem hier entstehenden Erdofen sollten dann später die Lebensmittel zubereitet werden. Die Frauen und Kinder stellten sich in den Fluss und wuschen das Gemüse. Das sollte mit in den Erdofen kommen und dort gegart werden.

Keiner hatte Töpfe dabei oder sonstiges Geschirr. Als moderne Werkzeuge gab es nur die großen Macheten. Damit hantierten sie so sicher, wie ich es nur mit einem kleinen Küchenmesser kann.

### Ein Pfeil reicht aus

Doch zunächst musste das Kollektenschwein getötet werden. Vor unseren Augen. Mit einem Pfeil aus Bambusrohr zielte ein junger Mann direkt auf das Herz. Beim Eindringen der Pfeilspitze zersplitterte diese in viele Einzelteile und zerriss beim Herausziehen in Sekundenschnelle das Herz des Schweins. Wir sahen zu und waren erstaunt, dass das Schwein in wenigen Sekunden tot zusammenbrach. Dann wurde es zunächst auf das offene Feuer gelegt, um das Fell abzuflammen. Danach wurde es gehäutet und in einzelne Teile zerlegt. Das habe ich mir dann nicht mehr so genau angesehen.

Immerhin war es auch interessant, den Aufbau eines Erdofens zu beobachten. Die Männer legten in das runde und etwa einen Meter tiefe Loch eine Lage großer Blätter. Auf diese Blätter legten sie mit Hilfe der Astzangen die glühend heißen Steine aus dem großen Feuer. Auf die Steine kamen wieder Blätter. Auf die Blätter legten sie die Fleischstücke.

Zur Feier des Tages hatte der Pfarrer Salz mitgebracht, das es sonst im Hochland von Westpapua nicht gibt und das eigens von der Küste importiert werden muss. Das wenige Salz wurde vorsichtig über die Fleischstücke verteilt.

Es folgte wieder eine Schicht Blätter, dann eine Schicht heiße Steine, wieder eine Schicht Blätter, eine Schicht Gemüse, eine Schicht Blätter, eine Schicht heiße Steine und noch einmal eine Schicht Blätter. Das Ganze wurde gut mit Blättern zugedeckt, damit die Hitze nicht entweichen konnte. Mit Lianen banden sie den kleinen Hügel zusammen. Dann begann der Garprozess, der längere Zeit in Anspruch nahm.

### Eine angenehme Pause

Einige von unserem Theaterteam badeten in dem Fluss, einige schliefen, einige sangen mit den Einheimischen Lieder. Es war eine sehr entspannte Picknickatmosphäre, unterbrochen eigentlich nur vom Auftauchen einiger Wildschweine, die von niemandem sonst groß wahrgenommen wurden – außer von uns Deutschen. Sie stöberten durch unser Lager und verschwanden irgendwann wieder. Ob ihnen der Duft vom Kollektenschwein in die Nase gestiegen war?

Nach mehr als einer Stunde wurde der Erdofen wieder geöffnet. Geschickt und schnell wurden die Steine mit Hilfe der Astzangen wieder in den Fluss geworfen. Die im Erdofen gekochten Blätter dienten uns zum Teil als Teller. Teils schlugen sie auch rasch frische Blätter von den Bäumen ab, auf denen dann das Essen serviert wurde. Wir wurden aufgefordert, uns in kleinen Gruppen zusammenzusetzen. In die Mitte jeder Gruppe legten sie ein «Tischtuch» aus Blättern. Darauf wurde serviert, was die Männer nach und nach aus dem Erdofen herausholten. Uns Gästen servierten sie als besondere Gabe den Schwanz und den Kopf des Schweins!

### Ein ungewohnter Anblick

Vielleicht muss ich dazu noch etwas ausführlicher erklären, was dieses großzügige Geschenk in mir auslöste: Ich komme aus der Großstadt. Schlachten, Zubereiten von Fleisch oder das Verwerten dieser bestimmten Körperteile des Tieres waren mir bis dahin völlig unbekannt. Allein der Anblick ließ mich erschauern.

Als ich mich umschaute, sah ich in noch mehr verstörte deutsche Gesichter. Keiner konnte sich vorstellen, das, was da vor uns lag, tatsächlich zu essen. Aber unhöflich wollten wir auch nicht sein. Was tun? Da kamen uns die Kinder der deutschen Familie zu Hilfe, die hier im Hochland groß geworden waren. Sie waren begeistert über unsere Mahlzeit und kämpften fast miteinander, wer denn nun den Schwanz oder den Kopf essen durfte. Wir waren gerettet! Großzügig gaben wir unsere Portionen an die Kinder weiter. Und das arme Kollektenschwein wurde nun wirklich entsprechend gewürdigt. Wir vom Team hielten uns beim Essen an Süßkartoffeln, Farnkraut und Wurzeln, die mit viel Fantasie ähnlich wie Spargel schmeckten. So wurden auch wir satt.

## Aufstieg nach Hause

Wie auf ein für uns geheimes Zeichen hin hörten alle auf zu essen. Die Reste wurden schnell von den einzelnen Gästen in Blätter gewickelt und in die jeweiligen Netze gesteckt, die jede Frau des Stammes immer auf dem Rücken trägt. Das war angemessener Vorrat für den nächsten Hunger. Blitzschnell löste sich das Lager auf. Alle schienen es nun sehr eilig zu haben. Es wurde auch Zeit zum Aufbruch, denn vor uns lag ja noch ein Aufstieg von fast zwei Stunden. Und jeden Tag um 18.00 Uhr, wenn es dunkel wird, fängt es an zu regnen – danach kann man fast die Uhr stellen. Im Dunkeln und im Regen bergauf seinen Weg zu finden, ist dann wesentlich beschwerlicher.

Fröhlich und gestärkt machten wir uns an den Wiederaufstieg. Am Anfang ging es auch ganz gut. Ich spürte meine Gelenke, die Malaria, den Schwindel. Aber irgendwie musste ich den Berg ja hinauf. Zur Not hätten die Einheimischen mich auch getragen. Das hatten sie schon oft mit den Missionaren oder Gästen gemacht. Sie wussten, wie mühsam es für uns sein konnte, uns einen Weg durch das Gestrüpp zu bahnen oder auch unser im Vergleich zu ihnen viel größeres Gewicht zu bewegen. Doch ich wollte es schaffen.

### Eine große Hilfe

Ein junger Mann, ich nenne ihn in meiner Erinnerung Eli, bot mir seine Hilfe an. Über die Schulter hatte er die typische Steinaxt gelegt, auf dem Rücken trug er ein großes Netz mit Utensilien und Essensresten unserer Truppe, und mit einer Hand zog er mich förmlich den Berg hinauf. Er war stark, und der Griff seiner Hand war vertrauenerweckend. Er räumte mir Hindernisse aus dem Weg oder half mir über sie hinweg. Er ließ mich nicht aus den Augen und ließ mich in keiner Herausforderung allein. Er blieb auch bei mir, als einige andere uns überholten und schneller aufstiegen als ich.

Ich brauchte elend lange. Immer wieder musste ich stehen bleiben und nach Luft japsen. Geduldig blieb Eli bei mir. Immer wieder ermutigte er mich zur nächsten Etappe. Nicht mit Worten, nur mit Gesten. Und mit seiner starken Hand, die mich vorwärtszog.

Es wurde dunkel. Es fing an zu regnen. Eli gab nicht auf. Die anderen waren schon längst oben auf der Anhöhe und saßen im Wohnzimmer der deutschen Familie. Ich kletterte immer noch. Mit Eli. Als wir endlich angekommen waren, lieferte er mich vor der Tür ab, half mir die Gummistiefel auszuziehen und verschwand. Einen großen Dank wollte er nicht. Für ihn war es selbstverständlich, dass er mir geholfen hatte.

## Todesurteil für Zwillinge?

Erst später hörte ich, wer dieser rettende Engel eigentlich war. Eli kam kurz vor unserer Abreise noch einmal vorbei und brachte mir ein selbst geschnitztes Kreuz, das ich bis heute in Ehren halte. Darauf steht auf Indonesisch: Jesus – das Licht der Welt.

Er erzählte uns seine Geschichte: Als er das Licht der Welt erblickte, war er nicht allein. Er hatte einen Zwillingsbruder. Damals hätte das noch sein Todesurteil bedeutet. Seine Stammesgenossen fürchteten die bösen Geister, die veranlasst hatten, dass gleich zwei Menschen, also Zwillinge, auf die Welt kamen. Da konnte etwas nicht stimmen! Da mussten böse Kräfte im Spiel sein, wenn zwei Kinder auf einmal geboren wurden. Um die bösen Geister zu beruhigen, wurden die neugeborenen Zwillinge zum Sterben ausgesetzt, damit die Geister wieder Ruhe geben sollten.

So geschah es auch mit Eli und seinem Bruder. Doch es gab schon die ersten Christen im Ort, die keine Angst mehr vor Zauberei und bösen Mächten hatten. Einer von ihnen sah nur zwei hilflose Kinder – nicht mehr und nicht weniger. Er rettete Eli. Sein Bruder war, wenn ich mich recht erinnere, schon verstorben. So wuchs Eli als Adoptivkind in einer der ersten christlichen Familien in diesem Dorf auf.

Er war so dankbar, dass das Evangelium in sein Dorf gekommen war. Der Grund dafür ist klar: Eli würde nicht leben, wenn seine Adoptiveltern nicht die gute Nachricht von Jesus gehört hätten. Und weil er so dankbar war, setzte er sich für Gottes Sache ein.

## Gastfreundschaft ohne Grenzen

Als ich abends im Bett lag, dachte ich über den schönen und ereignisreichen Tag nach: über das Kollektenschwein; die schönen Stunden am Fluss; die Gemeinschaft mit den einheimischen Christen; die Gastfreundschaft der deutschen Pastorenfamilie; die Hilfsbereitschaft von Eli; die rettende Botschaft von Jesus Christus, der gekommen ist, um die Werke des Teufels zu zerstören. Jesus, der gekommen ist, damit wir in Frieden miteinander leben können. Was für eine Botschaft! Was für eine lebensrettende Aktion, das Evangelium zu verkünden. Gibt es etwas Schöneres?

«Ich will dich loben unter den Völkern, Herr!
Ich will dir musizieren vor den Nationen.
Denn groß ist deine Güte, bis zu den Himmeln reicht sie,
ja, bis zu den Wolken deine Wahrheit.»

*Psalm 57,10–11; das buch*

# Kapitel
# Radio Monte Carlo

Wir alle saßen in der kleinen, dunklen Küche auf dem Fußboden. Glücklich waren die, die in der Nähe des Feuers saßen, denn nur dort wurde es angenehm warm. Alle anderen saßen dick eingehüllt in Schal und Mütze auf einfachen Bastmatten auf dem Lehmboden und warteten darauf, dass das Essen fertig wurde.

Es war ein besonderes Essen. Unsere Gastgeber in einem kleinen Ort im Nordsudan hatten die Reisegruppe aus dem Christus-Treff zu Hühnchen und Pommes, Bohnen und Leber, Reis und Pudding, Gemüse und Brot eingeladen. Wir ahnten, dass es gut schmecken würde, denn die ersten Wohlgerüche breiteten sich in der Küche aus.

### Ein Ort mitten in der Wüste

Doch es sollte noch etwas dauern, bis das Essen serviert wurde. Der Winter in der Wüste kann sehr kalt sein. Die Lehmhäuser sind nicht beheizt. Einzig und allein die Küche wird erwärmt, weil dort ständig ein Feuer brennt. So saßen wir also im Halbdunkel der Küche und warteten. Immer mehr einheimische Gesichter tauchten auf. Nachbarn, Verwandte unserer Gastgeber, Neugierige und Altbekannte waren darunter. Immerhin waren wir schon ein paar Tage in diesem kleinen Ort zu Besuch.

Mittlerweile hatte jeder dort bemerkt, dass die deutschen Krankenschwestern Gäste hatten. Acht junge Leute aus Deutschland. Wie sehr die Einwohner sich für die bei allen beliebten Frauen in ihrer Mitte freuten! So weit weg von zu Hause und dann so viele Freunde zu Besuch! Das musste ja gefeiert werden. Das kleine Wüstendorf hat nicht viele Attraktionen. Jetzt waren wir die Attraktion.

## Das Essen wird serviert

Langsam stieg der Duft von gebratenem Hühnchen in unsere Nasen. Kleine Schüsseln wurden mit unterschiedlichen Speisen gefüllt. Alle Schalen werden dann in einem Kreis aufgestellt, und die Gäste setzen sich um das Essen herum hin.

Doch vorher wird in einem kleinen Ritual erst noch die jeweils rechte Hand gewaschen, denn nur mit dieser Hand darf man essen. Da man kein Besteck benutzt, ist das Waschen der Hand sehr wichtig. Die linke Hand darf man bei Tisch nicht benutzen, denn sie gilt als die schmutzige Hand. Sie benutzt man auf der Toilette.

Das Ritual des Händewaschens sah so aus: Der Hausherr kam mit einer kleinen Wasserkanne und einem Stück Seife. Er goss Wasser über die jeweils rechte Hand von jedem von uns Gästen, legte dann die Seife hinein und wartete, bis wir die Hand eingeseift hatten. Die Seife wurde weitergereicht. Dann goss er wieder Wasser über die Hand, bis die Seifenreste verschwunden waren. Auf diese Weise wird nur sehr wenig vom kostbaren Wasser verbraucht.

Dann nimmt man sich mit der rechten Hand etwas Brot, das vor jedem griffbereit liegt, taucht es in die jeweils gewünschte

Speise und angelt sich mit dem Brot einen Happen davon heraus. Eigentlich sehr praktisch und hygienisch, denn nur das Brot berührt das Essen. Das Brot ersetzt Gabel und Löffel. Wenn man geübt ist, kann man auf diese Art und Weise schnell und gut essen.

## Singen als Zeichen der Gemeinschaft

Nachdem wir an diesem Abend alle dieses Ritual hinter uns gebracht hatten, fragte die Frau des Hauses: «Warum singt ihr nicht vor dem Essen ein Lied, wie ihr das auch bei den Schwestern im Haus getan habt?» Sie hatte bei einem Besuch miterlebt, wie wir vor dem Essen ein Dankeslied gesungen haben. Roland schlug vor, dass wir ein arabisches christliches Lied singen, das die Gruppe extra für diese Reise auswendig gelernt hatte. Und das, obwohl keiner von den anderen unserer Gruppe Arabisch sprach. Ich muss sagen, es machte Spaß, dort auf dem Küchenboden im Dunkeln zu sitzen, das Essen zu riechen, die Gastfreundschaft zu erleben und das Lied zu singen. Neben Roland saß ein junger Mann im Halbdunkel, den wir noch nicht kannten.

## Radio Monte Carlo

Irgendwann war er im Dunkeln in den Raum getreten und hatte sich unbemerkt zu uns gesetzt. Er beugte sich zu Roland und flüsterte ihm ins Ohr: «Ihr hört euch ja an wie Radio Monte Carlo!»

Roland wurde gleich hellhörig und fragte: «Woher kennst du Radio Monte Carlo?» Ihm war gleich klar, dass dieser junge Mann nicht den Radiosender an sich meinte, sondern die christlichen Programme auf Arabisch, die von Trans World Radio (TWR) von Monte Carlo aus gesendet werden.

«Ich höre die Sendungen regelmäßig. Ich mag die Programme von Radio Monte Carlo», war die Antwort.

Was für eine Überraschung! Hier, in dieser Gegend, gab es keine einheimischen Christen. Alle sind Muslime. Hier hätte keiner das Evangelium offen predigen können. Aber das Radio war dazu in der Lage. Und es wurde gehört! Wahrscheinlich war dieser junge Mann nur einer von vielen, die diese Sendungen hörten und damit auch etwas von der Botschaft von Jesus Christus mitbekamen! Was für eine Möglichkeit, unerreichte Völker über Radiosendungen zu erreichen und ihnen auf diesem Weg den christlichen Glauben nahezubringen!

### Das Beispiel von Sadhu Sundar Singh

Es ergab sich ein kurzes Gespräch. Ob er schon viel von Gott und Jesus Christus wusste? Wir wissen es nicht. Um ihm etwas Mut zu machen, weiter die Sendungen zu hören und auch persönlich Schritte im Glauben an Jesus zu gehen, sangen wir noch ein Lied auf Arabisch: «Ich bin entschieden, zu folgen Jesus. Niemals zurück, niemals zurück!»

Roland erzählte uns allen im Raum die Geschichte von Sadhu Sundar Singh, der als junger Mann in Indien zum Glauben an Jesus gekommen war – gegen den Willen seiner Familie. Er kam aus einem nichtchristlichen Elternhaus und konnte damals nur schwer an Informationen über den christlichen Glauben herankommen. Er war einer, der sich gegen den Willen aller vertrauten Menschen um ihn herum für ein Leben mit

Jesus entschied. Der alle Verfolgungen und Widerstände auch aus der eigenen Familie auf sich nahm, weil er Jesus gefunden hatte und nur noch ihm folgen wollte.

Ob unser junger Freund auch an Jesus glaubte? Wir wissen es nicht. Aber wir hoffen, dass er weiterhin Trans World Radio aus Monte Carlo hört.

### Gott hat seinen Weg

Sobald wir das Lied beendet hatten, begann das große Festessen. Es schmeckte köstlich. Doch die größte Freude für uns an diesem Abend war nicht das großartige Essen, sondern die Erkenntnis, dass es auch in diesem entlegenen Winkel der Welt Menschen gab, die den christlichen Radiosender TWR aus Monte Carlo hörten. Gott hat seinen Weg, wo es keinen Weg zu geben scheint. Sein Wunsch ist es, dass alle Menschen das Evangelium hören. Egal, wo sie leben. Wie gut, dass es so viele Mittel und Wege gibt, die Gute Nachricht zu verbreiten. Und dass sie immer wieder auf offene Ohren und Herzen trifft.

«Gehet ein, gehet ein durch die Tore! Bereitet dem Volk den Weg! Machet Bahn, machet Bahn, räumt die Steine hinweg! Richtet ein Zeichen auf für die Völker! Siehe, der HERR lässt es hören bis an die Enden der Erde: Sagt der Tochter Zion: Siehe, dein Heil kommt!»

*Jesaja 62,10–11; Luther*

# Kapitel 14
# Mao auf dem Wühltisch

Vor einiger Zeit war ich in Hongkong auf dem sogenannten «Ladies' Market», dem «Markt der Frauen», unterwegs und suchte kleine Mitbringsel für Familie und Freunde. Da fiel mein Blick auf Armbanduhren, auf denen Mao Tse-tung auf dem Ziffernblatt abgebildet war. Die Zeiger der Uhr waren seine Arme, und er winkte lächelnd im Takt der Sekunden immer hin und her.

Ich musste lachen. Und natürlich kaufte ich auch einige dieser Uhren, zumal sie kaum mehr als einen Euro kosteten. Ein herrliches Geschenk! Mao auf dem Wühltisch. Der einst so mächtige Mann, von vielen gefürchtet, wie ein Gott verehrt, ist jetzt als Ramsch und Billigware zu finden, freundlich lächelnd und nur noch den Takt der Uhr angebend.

Hätte Mao Psalm 2 gekannt, hätte er vielleicht geahnt, dass seine Macht auf dieser Welt ein Ende haben würde:

«Was soll das?
Die Völker proben den Aufstand
und die Nationen verfangen sich
in zwecklosen Gedanken.
Die Könige auf der Erde rotten sich zusammen.

Gemeinsam schmieden sie Pläne gegen [den HERRN]
und gegen den, den er als Messias auserwählt hat.
Sie sagen: ‹Ihre Fesseln wollen wir zerreißen,
ihre Stricke von uns wegschmeißen!›
Er, der in den Himmeln thront, lacht,
der Herr überhäuft sie mit Spott. [...]
Und jetzt, ihr Könige, werdet vernünftig!
Nehmt den Rat an, ihr, die ihr auf der Welt regiert!
Dient [dem HERRN] mit Ehrfurcht,
begeistert jubelt ihm zu!
Begrüßt den Sohn und reizt ihn nicht,
damit ihr nicht auf dem Weg umkommt.
Ja, leicht entbrennt sein Zorn!
Doch Glückwunsch allen,
die bei ihm Schutz suchen!»

*Psalm 2,1–4.10–12; das buch*

## Das Christentum wächst unglaublich schnell

Mao hätte es wissen können: Gott lässt sich nicht abschaffen,
nicht töten, nicht vertreiben. Mao hat es versucht. Inzwischen
ist er tot, und sein Einfluss auf das Leben der Menschen
schwindet rapide. Gerade in China ist trotz Verfolgung das
Christentum in den vergangenen Jahrzehnten zahlenmäßig
explodiert. Kenner der Lage schätzen, dass es heute bis zu
achtzig Millionen Christen in China gibt, von denen nur ein
geringer Teil der offiziell registrierten sogenannten Drei-
Selbst-Kirche angehört. Der Kommunismus als Ideologie hat
seine Anziehungskraft auf der ganzen Linie eingebüßt, genauso wie der Maoismus.

Doch Mao ist nicht der einzige Herrscher, der seinen Einfluss verloren hat. Man könnte über die Jahrhunderte hinweg an seiner Stelle Tausende von Namen einsetzen.

## Jesus bleibt

Als Jugendliche haben wir oft ein Lied gesungen, das in der DDR entstanden ist: «Gott ist immer noch Gott. Gott ist immer noch. Gott ist immer. Gott ist Gott.» Auch die DDR gibt es nicht mehr. Die Benachteiligung und Unterdrückung der Christen in diesem sozialistischen Staat ist vorbei. Den Eisernen Vorhang gibt es nicht mehr. Die Welt ändert sich ständig. Rasant ist das Tempo, in dem Herrscher kommen und gehen. Aber Gott bleibt. Der Sohn bleibt. Jesus bleibt.

Ein anderes Lied, das wir ebenfalls in unserer Jugendgruppe in Duisburg-Beeck häufig sangen, fasst die Gewissheit gut zusammen:

«Seht, man musste sie begraben,
die der Welt Gebote gaben,
und ihr Wort hat nicht Bestand.
Ihre Häuser wurden Trümmer,
ihre Münzen gelten nimmer,
die man in der Erde fand.
  Ihre Namen sind verklungen,
ihre Lieder ungesungen,
ihre Reiche menschenleer.
Ihre Spiegel sind zerbrochen,
ihre Sprachen ungesprochen,
ihr Gesetz gilt längst nicht mehr.

Jesu Name wird bestehen,
Jesu Reich nie untergehen.
Sein Gebot gilt allezeit.
Jesu Wort muss alles weichen
und ihn kann kein Tod erreichen.
Jesus herrscht in Ewigkeit.»

*Verfasser unbekannt*

«Die Königsherrschaft über die Welt gehört jetzt ganz unserem Herrn und seinem Messias, und er wird herrschen
bis in die Ewigkeiten der Ewigkeiten!»

*Offenbarung 11,15; das buch*

# Kapitel
# Jamaikas Hoffnung

Jeden Montag kamen die neuen Mitarbeiter aus aller Welt an. Es war immer ein aufregender Tag im Camp für uns als Leitungsteam im «Pavillon der Hoffnung». Jeder dieser jungen Menschen kam, um drei oder mehr Wochen auf der EXPO, der Weltausstellung in Hannover im Jahr 2000, ehrenamtlich mitzuarbeiten.

Der «Pavilion of Hope», wie er auf Englisch hieß, wurde in jenem Sommer zum Wahrzeichen der EXPO gewählt. Das hing mit seiner besonderen architektonischen Form zusammen: ein Wal aus Stahl und Glas. Als «Walfisch» war er in aller Munde.

Getragen wurde er in den fünf Monaten von insgesamt über 1300 Mitarbeitern aus über 38 Ländern. Wir als Campteam freuten uns auf die Neuen. Es war immer spannend, wer da so alles anreiste. Wir hatten für sie in einem Containerdorf in der Nähe des Maschsees auf ihren Betten eine kleine Süßigkeit zur Begrüßung bereit. Beim ersten Abendessen trafen sich dann alle zu einem reichhaltigen Buffet und danach an zwei Tagen zur Schulung und Einführung in das ganze Projekt.

### Die Jungs aus Jamaika

An einem der Montage warteten wir vergeblich auf die Mitarbeiter aus Jamaika. Sie kamen nicht rechtzeitig an. Auch das kam immer wieder mal vor. Gerade die Gruppe aus Jamaika hatte ich mit großer Freude erwartet.

Ihr Leiter, Pastor Leroy, war ein Jahr zuvor unser Gastgeber in Jamaika gewesen. Roland hatte dort auf Einladung der Billy-Graham-Gesellschaft eine große Evangelisation durchgeführt. Ich durfte mitreisen. Bei diesem Besuch hatten wir von der EXPO erzählt und Pastor Leroy eingeladen, mit jungen Leuten zu kommen und mitzuarbeiten. Und nun sollte es so weit sein.

Sie kamen, wenn auch mit Verspätung. Und sie waren gleich im ganzen restlichen internationalen Team beliebt. Die Jungs aus Jamaika, leider waren keine Frauen dabei, waren sehr musikalisch. Wie könnte es anders sein. Und damit eroberten sie im Sturm die Herzen der Mitarbeiter und Besucher im Wal.

## Ein Aufenthalt im Krankenhaus

Mitten in den drei Wochen ihres Aufenthalts wurde einer von ihnen krank. Auch das kam öfter mal vor. Das kühle Wetter, die ungewohnten Bakterien in Deutschland und das fremde Essen führten schon mal dazu, dass unsere internationalen Mitarbeiter krank wurden.

Doch diesem jungen Mann aus Jamaika ging es wirklich sehr schlecht. Er litt unter starkem Durchfall und behielt kein Essen mehr bei sich. Also hatten wir entschieden, ihn ins Krankenhaus zu bringen. Dort untersuchte man ihn und wollte ihn zu weiteren Untersuchungen und Behandlungen dabehalten. Das wollte er nicht. Auf keinen Fall wollte er seine Mitarbeit im Wal verkürzen und den Rest der Zeit im Krankenhaus oder bei Ärzten verbringen. Er machte weiter mit, so gut es ging.

## Abschied tut weh

Die Zeit ging sehr schnell vorbei. Und so kam auch für das Team aus Jamaika der Abschied. Wir feierten an jedem Sonntagmorgen einen Gottesdienst mit den Mitarbeitern, die in der Morgenschicht frei hatten, und den Abreisenden. Dabei kamen diejenigen, deren Zeit im Wal abgelaufen war, nach vorn und wurden vom restlichen Team verabschiedet. Wer wollte, konnte noch ein Erlebnis oder eine Erfahrung aus den vergangenen Wochen berichten. Dann beteten wir gemeinsam für alle Abreisenden. Im Anschluss kam dann das große Abschiednehmen und Fotoknipsen. So war es jeden Sonntag, fünf Monate lang.

An diesem Sonntag schien es mir, als sei der Abschied besonders intensiv. Die Gruppe aus Jamaika war allen ans Herz gewachsen. Als einer von ihnen eine kleine Abschiedsrede hielt, waren alle anderen sehr berührt. Er sprach davon, wie schön es war, Teil einer internationalen Familie zu sein. Und dass wir uns alle wiedersehen werden, spätestens im Himmel. An der Reaktion der restlichen Mitarbeiter merkte man, dass die Jamaikaner sich einen festen Platz im Herzen der anderen erobert hatten. Der Abschied fiel besonders schwer.

## Zurück im Alltag

Wie jeden Sonntag kamen die Abreisenden im Anschluss an den Gottesdienst im Büro des Camps vorbei, um ihr Abschiedsgeschenk abzuholen und sich noch ins Gästebuch einzutragen. Jeder erhielt zur Erinnerung an die Zeit auf der EXPO eine Tasse mit Süßigkeiten, auf der ein Foto vom Pavillon der Hoffnung abgebildet war.

Der Sonntag ging zu Ende, der Montag kam. Die Jamaikaner

waren abgereist. Das intensive Leben im Pavillon der Hoffnung und im Übernachtungscamp ging weiter. Am Montag kamen die neuen Mitarbeiter und mit ihnen neue Fragen und Probleme.

Der Alltag, wenn man im Camp davon überhaupt reden konnte, hatte uns wieder: Austeilen der Uniformen für die Neuangereisten, Verkauf von Briefmarken, Ausgabe von Medizin, Hilfe beim Orientieren in Hannover und auf der EXPO, Andachten und Gebetsgemeinschaften, Frühstück zubereiten und einkaufen, Geschenke einpacken und Abschiedskarten schreiben, Anrufe annehmen und Nachrichten übermitteln. Die Tage vergingen wie im Flug. Ich war wieder voll drin im Alltagstrott.

## Traurige Nachricht

Plötzlich stand eine Mitarbeiterin aus Skandinavien im Türrahmen. Sie weinte. Was war los? Heimweh? Schmerzen? Erschöpfung? Sie erzählte, dass sie gerade einen Anruf erhalten hatte. Aus Jamaika. Einer der jungen Jamaikaner war gestorben. Ganz schnell. Er war mit seinen Freunden unterwegs, als er plötzlich nicht mehr hören konnte. Alarmiert machten sich die Freunde mit ihm auf den Weg ins Krankenhaus. Unterwegs rief er plötzlich, dass er nichts mehr sehen könnte. Dann konnte er nicht mehr sprechen. Kurz darauf brach er tot zusammen. Jede Hilfe kam zu spät.

Wir alle waren zutiefst erschüttert. So schnell kann man also sterben? Aber nein, er war ja auch in Deutschland schon krank gewesen. Was er hatte? Wir wissen es nicht. Es gab keine Diagnose. Nun war er tot. Mir schoss der Gedanke durch den Kopf: Ja, aber er ist auch bei Jesus angekommen. In der Gegenwart Gottes, ohne Leid, Schmerzen und Tränen.

Hatte Oneil vielleicht geahnt, wie krank er in Wirklichkeit war? War deshalb der Abschied einige Tage zuvor so eine traurige Sache gewesen? Auch die Aussage vom Sonntagsgottesdienst, dass wir uns im Himmel wiedersehen werden, bekam plötzlich eine andere Gewichtung. Ja, wir werden uns wiedersehen. Sicher nicht mehr auf dieser Erde. Aber im Himmel.

## Die Erinnerung bleibt

Die Nachricht vom Tod des jungen Jamaikaners verbreitete sich schnell unter den Mitarbeitern. Viele waren bestürzt, einige weinten. Erinnerungen an den gemeinsamen Einsatz, den Spaß, den man gehabt hatte, die gemeinsamen geistlichen Erfahrungen, all das tauchte innerlich wieder auf.

Die Nachricht vom Tod unseres Freundes ließ uns auch noch einmal neu über unsere Arbeit auf der EXPO nachdenken. Uns wurde deutlich, wie wichtig unsere Arbeit war. Es ging bei unserem Einsatz nicht nur darum, die Besucher auf der EXPO zu unterhalten und ihnen viele Informationen zu geben. Es ging darum, dass sie Jesus kennen lernen und durch die Beziehung zu ihm ewiges Leben haben. Ein Leben, das nicht vom Tod zerstört wird.

## Ein bewegender Eintrag im Gästebuch

Die Arbeit im Camp ging weiter. Jede Woche kamen an die hundert neue Mitarbeiter, die versorgt werden mussten. Es waren oft lange Tage, ermüdend, aber auch voller Spaß und Humor und wertvollen Begegnungen.

Eines Abends, nach meinem Dienst im Camp-Büro, blätterte ich im Gästebuch. Und da fand ich folgenden Eintrag von unserem Freund aus Jamaika:

«Danke für die wundervolle Zeit. Ihr habt mir Hoffnung gegeben für die Zukunft. Ich hatte ein persönliches Problem in meiner Beziehung zu Gott. Und ich dachte darüber nach, ihn zu verlassen, aber ich darf niemals aufgeben. Aufgrund einer Krankheit dachte ich, ich müsste sterben. Aber der Pavillon der Hoffnung hat mir deutlich gemacht, dass es sogar nach dem Tod ein Leben gibt. Und mit Jesus, meinem Retter, kann ich ein Leben ohne Krankheiten führen. Vielen Dank noch einmal für alles. – Oneil aus Jamaika.»

### Ewiges Leben

Auch für Oneil war die Mitarbeit auf der EXPO eine lebenswichtige Zeit. Er hatte das ewige Leben entdeckt. Der Pavillon der Hoffnung war zum Pavillon seiner ewigen Hoffnung geworden. Der Hoffnung, die diese ganze Welt umspannt. Und genau deshalb arbeiteten wir alle aus den unterschiedlichsten Ländern der Welt dort mit: Damit viele hören, dass Jesus den Tod überwunden hat und uns ewiges Leben schenkt.

«Wenn wir leben, dann leben wir für Jesus, den Herrn. Und wenn wir sterben, dann sterben wir auch für ihn, den Herrn. Ganz gleich, ob wir also leben oder sterben, das ist fest: Wir gehören zu ihm, dem Herrn. Denn genau dazu ist der Messias gestorben und wieder lebendig geworden, damit er über die Toten und die Lebenden seine Herrschaft aufrichtet.»

*Römer 14,8–9; das buch*

# Kapitel
# Kinder, Kinder ...

Das Thema Kinder begleitet mich mein Leben lang. Schon als Jugendliche stand für mich fest: Entweder ich heirate und bekomme selbst viele Kinder, oder ich werde Kinderdorfmutter. Roland und ich heirateten, und wir wünschten uns beide mehrere Kinder. Doch eine Unterleibsoperation, eine Fehlgeburt und später meine Krebserkrankung machten unseren Plänen ein Ende. Ich konnte keine Kinder mehr bekommen.

Wir erkundigten uns wegen einer Adoption. Doch das Risiko, dass meine Krebserkrankung jederzeit wieder auftreten konnte, war zu groß. Wir wollten keine Kinder aus dem Heim zu uns holen und sie gegebenenfalls der Situation aussetzen, dass ich bald schon nicht mehr leben würde.

Wir wurden unfreiwillig zu einem kinderlosen Ehepaar. Es war nicht einfach, zu diesem Weg Gottes mit uns Ja zu sagen. Doch wir haben unseren Frieden damit geschlossen. Wenn Gott gewollt hätte, dass wir Kinder haben, hätte er alle Möglichkeiten gehabt, uns Kinder zu schenken.

### Außen vor

In den ersten Jahren unserer Ehe bekamen viele Freunde und Bekannte um uns herum Nachwuchs. An den mitleidigen Blick und die mehr oder weniger offen ausgesprochenen dummen

Sprüche «Wann ist es denn bei euch so weit? Wollt ihr nicht, oder könnt ihr nicht?» muss man sich gewöhnen. Verständlich ist auch, dass Freunde die Prioritäten ändern, wenn Kinder geboren werden: Manche kennen dann nur noch ein Thema, ihre eigenen Kinder. Und es ist für sie ein sehr wichtiges Thema.

Ich habe mich früh entschieden, die Sorgen meiner Freunde um ihre Kinder ernst zu nehmen, auch wenn ich nicht aus eigener Erfahrung mitreden konnte. Für Eltern sind die Themen um ihre Kinder zentral. Egal, wie alt sie sind. Das muss und will ich akzeptieren und wertschätzen, auch wenn ich selbst keine Kinder habe. Es geht immer darum: wie sie sich entwickeln, welche Probleme sie in der Schule haben, welchen Stress die Pubertät darstellt, welchen Lebenspartner sie sich aussuchen, und dann kommen die Enkelkinder. Als kinderloses Ehepaar kann man nie so richtig mitreden. Es ist eine Welt, die einem verschlossen bleibt.

## Freund der Kinder der Freunde

Doch eines kann man tun: Man kann nicht nur Freund der Eltern bleiben, man kann auch Freund der Kinder werden. Ihnen zuhören, ihnen Gesprächspartner sein. In der Pubertät kommt oft eine Zeit, in der die Kinder den Eindruck haben, dass ihre Eltern besonders schwierig sind. Da kann man als ein etwas außenstehender Erwachsener ein Gegenüber sein und manchmal auch zwischen den Generationen vermitteln. Das ist eine schöne und wichtige Aufgabe.

Doch eines bleibt schmerzhaft: Immer wieder wird man als kinderloser Mensch daran erinnert, dass man anders lebt. Dass man in den Augen vieler etwas verpasst hat, das zum wahren

Lebensglück gehört. Man begegnet Mitleid und manchmal auch Unverständnis, wenn man sagt, dass man eigentlich ganz zufrieden mit dem Leben ist.

Mir haben hier einige Entscheidungen und Weichenstellungen sehr geholfen. Ich habe sie nicht aus einem Buch oder einer Anleitung. Sie stammen aus meiner eigenen Erfahrung, sie sind mit meinen eigenen charakterlichen Gegebenheiten durchsetzt und vielleicht nicht für alle Menschen nachvollziehbar. Aber sie haben mir geholfen, diesen Weg fröhlich zu gehen und nicht bitter zu werden.

### Es gibt mehr als meine Träume

Als ich Christ wurde, habe ich mein Leben Jesus in die Hände gegeben. Das heißt, dass er über mein Leben Herr ist. Und wenn er gewollt hätte, dass ich Kinder habe, dann hätte ich sie bekommen. Egal, welche Krankheit mein Leben befallen hat. Die Tatsache, dass wir keine Kinder haben, bedeutet im Umkehrschluss, dass Gott etwas anderes mit uns vorhatte. Meine jugendlichen Träume von einem perfekten Leben mit Kindern waren ohnehin zu kurz gedacht. Gott hatte ganz andere Pläne mit uns. Dass Roland und ich keine Eltern geworden sind, hat uns auch freigesetzt. Wir können uns ganz in der Gemeinde und der Verkündigung an vielen Orten engagieren, wir können die Welt bereisen, wir können uns Zeit für viele andere Menschen nehmen, sie begleiten und prägen.

### Gott weiß, was er tut

Ich habe gelernt, Gott zu vertrauen. Wenn er keine Kinder in meinem Leben vorsieht, dann will ich ihm vertrauen, dass mir auch das zu meinem Besten dienen muss. Das zu glauben und daran festzuhalten, ist eine Entscheidung mit dem Verstand. Aber das Herz kommt nach, und mittlerweile weiß ich, dass es gut ist, wie Gott uns geführt hat. Der größte Feind des Glücks ist das Selbstmitleid. Das habe ich schon früh erkannt. Wann immer es sich bei mir ankündigt, stelle ich mich ihm entgegen. Dann entscheide ich mich neu für das Vertrauen, dass mein Vater im Himmel für mich sorgt. Und dass er mir das gibt, was gut für mich ist. Daran halte ich mich fest.

### Alles hat seine Last und seine Freude

Sooft ich auch unter der Kinderlosigkeit gelitten habe, so oft war ich auch dankbar, dass mir so manche Erfahrung erspart blieb. Ich habe bei Freunden und Familie gesehen, wie anstrengend es sein kann, Kinder zu erziehen, wie viele Probleme und Sorgen es mit sich bringt. Die Schmerzen, Kinder zu haben, sind sicher genauso groß wie die, keine zu haben. Auch wenn es ganz andere Schmerzen sind.

Im Laufe des Lebens merkt man erst, dass beides, Elternsein und Kinderlosigkeit, Herausforderungen und Chancen sind, geistlich zu wachsen und Gott zu vertrauen. Und beides hat seine schönen und beglückenden Seiten. Zweifellos. Die romantische Vorstellung von der glücklichen kleinen Familie ohne Probleme ist eine Illusion. Und auch der Traum vom unabhängigen Leben einer kinderlosen Frau ist unrealistisch. Freude und Leid begleiten uns, egal, ob mit oder ohne Kind.

## Die Freude über Kinder bleibt

Ganz am Anfang meiner Ehe habe ich mich dazu entschieden, mich über jedes Kind zu freuen, das geboren wird. Und es weder den Eltern zu neiden noch in Selbstmitleid zu verfallen, wenn mir eine Bekannte freudig mitteilt, dass sie schwanger ist. Ich habe oft darum gerungen, an dieser grundlegenden Entscheidung festzuhalten, besonders wenn ich wusste, dass dieses Kind gar nicht «geplant» oder «gewollt» war. Aber ich habe mich dennoch über jedes Kind gefreut. Und das von Herzen, denn ich weiß, dass jedes Kind ein Geschenk Gottes ist. Nicht nur an die Eltern, sondern an alle Menschen.

## Die Kinder und Eltern gleichermaßen lieben und achten

Für mich als kinderlose Erwachsene ist es wichtig, den ganz natürlichen Umgang mit Kindern zu suchen und zu pflegen. Ich habe das große Glück, in unserer Lebensgemeinschaft mit vielen von ihnen zu tun zu haben. Ihre Entwicklung zu begleiten, für sie zu beten, für sie da zu sein und mit ihnen ausgelassen zu spielen. Jetzt sind die meisten schon erwachsen, und wir begegnen uns auf einer anderen Ebene.

Auch das Ernstnehmen der Eltern ist wichtig. Sie in ihren Problemen und Sorgen zu begleiten, sich die Nöte mit den Kindern anzuhören und diese ernst zu nehmen – und auch mitzuleiden, wenn die Kinder Probleme haben und diese den Eltern zusetzen –, all das hat mir sehr geholfen.

## Die Freiräume gut gestalten

Ohne Kinder hat man viel mehr zeitliche Freiräume. Die wollen gestaltet sein. In ihnen hat man Zeit für Menschen, die Zuwendung und Hilfe brauchen. Wenn man am Heiligen Abend keine Kinder mit glänzenden Augen unter dem Baum sitzen hat, kann man andere einladen, die sich freuen, gemeinsam mit anderen Weihnachten zu feiern. Bei Roland und mir ist es seit vielen Jahren Tradition, dass wir am Heiligen Abend ein offenes Haus mit vielen Gästen haben, darunter auch ausländische Studenten, die gerne mal in einem deutschen Haushalt Weihnachten erleben möchten.

Ich bin sehr dankbar, dass wir beide gut mit der Kinderlosigkeit leben können. Der Schmerz darüber ist sicher da, sowohl bei Roland als auch bei mir. Aber jeder von uns geht anders damit um. Es gibt keine gegenseitigen Vorwürfe oder Vorhaltungen. Wir stützen und trösten einander.

### Sich für Kinder einsetzen

Sich für Kinder einsetzen kann man auch, wenn man keine eigenen Kinder hat. Wir haben beide mehrere Patenkinder, bei deren Segnung wir beteiligt waren und für die wir beten. Und zu denen wir auch den Kontakt pflegen. Außerdem bin ich bei World Vision, einem internationalen christlichen Kinderhilfswerk, im Präsidium aktiv, weil ich Kindern in dieser Welt helfen will, ein besseres Leben zu führen. Ich kann in das Leben von Kindern investieren, die ohne diese Hilfe kaum Perspektiven hätten für ihr Leben. Auch wenn ich sie nie in den Arm schließen werde, kann ich ihnen viel Gutes tun.

### Brücke sein

Wir stellen immer wieder fest, dass wir als kinderloses Paar zwischen den Familien und den Singles gut vermitteln können.

Im Christus-Treff gibt es viele Familien mit Kindern, aber auch viele Singles und einige kinderlose Ehepaare. Alle sollen gleichermaßen ihren Platz einnehmen können. Alle sollen wissen: Gott sieht und segnet sie.

Niemand hat mir einen Fahrplan für die Reise ohne Kinder in die Hand gedrückt. Es ist ein Weg, der jeden Tag neu gegangen werden muss. Manchmal sind es Wochen, in denen ich darüber gar nicht nachdenke. Manchmal häufen sich Gedanken an Kinder, und die Trauer kehrt ein wenig zurück. Doch das sind nur Augenblicke. Dann sehe ich wieder das Gute in meinem Leben. Und immer wieder kehrt die Freude darüber zurück, wie Gott mich geführt hat. Ich bin dankbar und voller Erwartung für die Zukunft.

«Erkennt doch, was für eine überwältigende Liebe der Vater uns geschenkt hat, dadurch, dass wir Kinder Gottes heißen! Und das sind wir auch!»

*1. Johannes 3,1; das buch*

# Kapitel

## Die Narbe bleibt

Ich habe es schon mehrmals erlebt, dass ich an meine Grenzen komme. So im Februar 2010. Das Telefon klingelte. Als ich den Hörer kurz darauf wieder auflegte, zitterte ich am ganzen Leib. Es war Donnerstag, 18.30 Uhr. Soeben hatte meine Hautärztin angerufen.

Auf eigenen Wunsch hatte ich mir von ihr ein Muttermal im Gesicht entfernen lassen, obwohl mehrere Hautärzte überzeugt waren, dass damit alles in Ordnung sei. Doch es war gewachsen, und ich war schon ein paar Jahre innerlich beunruhigt darüber. Vor einer Woche war es nun entfernt worden, und die Narbe war dabei, abzuheilen.

Und dann kam der Anruf: «Es tut uns sehr leid, aber es ist doch schon Krebs gewesen. Sie müssen noch einmal operiert werden. Aber Sie haben Glück. Es ist wie ein Sechser im Lotto: Wir haben es noch sehr früh entdeckt!»

### Noch einmal Krebs!

Warum nach zwanzig Jahren das Ganze von vorne erleben? Ich hatte mich doch eigentlich gesund und nach langer Zeit in meinem Körper endlich wieder sicher und wohl gefühlt. Warum, Herr, warum noch einmal diese schreckliche Krankheit?

Kurze Zeit später kam Roland nach Hause, und wir redeten

den ganzen Abend miteinander. Wir weinten und ließen unserer Angst Raum.

Sollte das jetzt das Ende meines Lebens werden, dieser Hautkrebs, das Melanom? Hatte ich nicht schon genug mitgemacht? Nicht nur während der Chemotherapie, auch danach war das Leben nicht einfach gewesen. Die vielen Ängste, die Tatsache, dass wir keine Kinder bekommen konnten nach der Behandlung, war das nicht genug Leiden?

Noch am selben Abend informierten wir unsere Freunde und baten um Gebetsunterstützung. Alle Pläne für die Zukunft wurden erst einmal auf Eis gelegt.

## Gute Chancen

Am nächsten Tag war ich zum Gespräch bei der Ärztin. Sie machte mir Mut. Es war ein Zufallsbefund. Der Krebs war offenbar noch in einem solch frühen Stadium, dass die Heilungschance weit mehr als neunzig Prozent betrug. Eine weitere Operation war allerdings notwendig, um sicherzugehen, dass es keine weiteren Krebszellen in der Umgebung des ersten Tumors gab.

Es war wirklich mein Glück, dass ich auf dieser Operation bestanden hatte, denn in diesem Stadium hätte man den Krebs eigentlich nicht entdecken können. Und jetzt war der Tumor entfernt und hatte noch nicht gestreut. Das ergaben auch alle weiteren Untersuchungen. Die Panik wich einer gewissen Gefasstheit.

Die nächsten Schritte standen an, eine erneute Operation. Dieses Mal nicht ambulant, sondern mit einem kurzen Aufenthalt im Krankenhaus verbunden.

## Meine Hoffnung ist bei Gott

Das Schlimmste war gar nicht die Angst vor dem Eingriff oder vor einer eventuellen Entstellung meines Gesichts. Das Schlimmste waren die Erinnerung an die harte Zeit vor zwanzig Jahren und der Gedanke, dass mein Leben vielleicht schon ganz bald beendet sein könnte. Ich musste mich noch einmal all diesen Gefühlen stellen, noch einmal bewusst meine ganze Hoffnung auf Gott setzen und ihm noch einmal mein ganzes Leben anvertrauen. Und auch mein Lebensende.

Als Roland mich wenige Tage nach der Diagnose frühmorgens für die anstehende Operation in der Universitäts-Hautklinik in Marburg ablieferte, saßen wir noch eine Weile gemeinsam im Wartezimmer. Dort lag eine «Aufatmen»-Zeitschrift aus. Obwohl ich eigentlich zu nervös zum Lesen war, nahm ich sie in die Hand und schlug sie auf. Und da sah ich unser Foto! Ja, es war die Ausgabe, in der der Christus-Treff als Gemeinschaft vorgestellt wurde und in der auch ein Foto von uns beiden abgedruckt war. Wir mussten lachen. Gott hatte uns mit einem Augenzwinkern gezeigt, dass er schon in dieser Klinik war und dass ich auch schon lange dort war, wenn auch nur auf dem Papier.

## Bist du das?

Als ich einige Stunden später im Rollstuhl in den Operationssaal gebracht wurde, bereits ausgestattet mit Häubchen und OP-Hemd, trat mir in der Schleuse eine mit Häubchen und Mundschutz vermummte Gestalt entgegen und fragte zaghaft: «Elke, bist du das?»

Es war eine Frau, die schon längere Zeit mit dem Christus-

Treff in Marburg verbunden war und die genau an diesem Tag zu dieser Uhrzeit als OP-Schwester ihren Dienst tat. Sie konnte mit einer Kollegin tauschen, und so kam es, dass sie fast zwei Stunden lang bei meiner Operation assistierte. Das war sehr schön für mich, denn der operative Eingriff wurde unter lokaler Betäubung durchgeführt, und ihre ermutigenden Worte an mich und auch ihr entspanntes Reden mit der Ärztin, die intensiv mit mir beschäftigt war, beruhigten mich sehr. Ab und zu streichelte sie mir über die Hand oder über das Bein. Ein Zeichen für mich, dass alles okay war und dass sie auch betete.

Um die erste Narbe herum wurde in jede Richtung noch einmal je ein Zentimeter Haut entfernt und auch in die Tiefe hinein bis auf den Muskel alles Gewebe entnommen. Anschließend wurde alles wieder sehr kunstvoll zusammengenäht.

## Ende gut, alles gut

Ich bekam in der Hautklinik nach der Operation ein großes Zimmer ganz für mich allein, denn meine Mitpatientinnen wurden entlassen. Ich hatte also Zeit, mich auf die neue Situation einzustellen und meinen Gefühlen freien Lauf zu lassen, wann immer mir danach war. Und ich konnte viel Besuch empfangen.

Dieser Krankenhausaufenthalt liegt jetzt schon wieder einige Jahre zurück, und ich kann Gott nur danken, dass alles so gut ging und ich keine weiteren Beschwerden oder negativen Befunde mehr hatte. Die Narbe in meinem Gesicht wird mich von jetzt an immer daran erinnern, dass ich durch diese schwere Zeit gegangen bin. Aber ich war nicht allein.

Gott war da. Sowie viele liebe Menschen, allen voran mein wunderbarer Mann, der die Krankheit auch dieses Mal in bewundernswerter Weise mit mir gemeinsam durchgestanden hat.

## Kindermund tut Wahrheit kund

Mit der Narbe im Gesicht machte ich anfangs sehr unterschiedliche Erfahrungen. Die ersten Monate war sie rot gefärbt und deutlich sichtbar. Um mich zu trösten, sagten viele Leute: «Man sieht die Narbe ja gar nicht.» Ich aber sah sie jedes Mal, wenn ich in den Spiegel schaute. Ich begann, an mir selbst zu zweifeln. Hatte ich mich etwa auf die Narbe fixiert, dass ich sie immer so deutlich sah?

Eines Tages war ich einkaufen. Ein kleiner Junge an der Hand seiner Mutter rief plötzlich: «Mama, warum hat die Frau eine so große Narbe im Gesicht?» Manchen Leuten wäre es vielleicht peinlich gewesen, aber diese Frage hat mir gutgetan. Ich war dankbar, dass der Junge das aussprach, was ich die ganze Zeit gesehen hatte, die anderen jedoch aus Rücksichtnahme und gutem Willen heruntergespielt hatten. Ich fühlte mich ernst genommen in meinem Leiden. Tatsache war: Ich hatte eine große, sichtbare Narbe im Gesicht!

Mit dem, was ich hier schreibe, will ich niemandem einen Vorwurf machen, der versucht hat, mich zu trösten, und gesagt hat, dass man die Narbe gar nicht sieht. Ich sehe das gute Motiv dahinter und bin dankbar dafür. Aber für mich war es auch hilfreich, dass jemand meine Situation gesehen hat und keine Scheu hatte, ungeschönt darüber zu sprechen.

## Gott macht Schwache stark

Mittlerweile kann man die Narbe wirklich kaum noch sehen, und mein cleverer Friseur hat sofort nach der Operation den Scheitel so gelegt, dass die Haare vor diese Gesichtshälfte fallen. Und es gibt immer mehr Tage, an denen auch ich selbst die Narbe nicht mehr wahrnehme.

So schwer diese Zeit auch für mich war, ich habe währenddessen erlebt und kann erst recht im Rückblick sagen: Gottes Kraft hat sich mächtiger erwiesen als meine Schwäche. Doch das gilt nicht nur für Krankheiten und körperliche Einschränkungen. Gott will seine Stärke genauso in uns, in unserer Seele und unserem Geist, wirken lassen. Ich habe gelernt, dass Narben zum Leben dazugehören. Äußere und innere. Doch sie dürfen uns nicht beherrschen.

«Ich danke dir, weil du mich so unglaublich wunderbar gemacht hast! Ja, deine Werke sind reine Wunder! Meine Seele weiß das genau.»

*Psalm 139,14; das buch*

# Kapitel 48
# Mit wenig Geld glücklich sein

Das war stets ein besonderer Tag: der Zahltag meines Vaters. Über eine längere Zeit hinweg wurde er in unserer Familie auf ungewöhnliche Art und Weise begangen. Als Kind dachte ich, in allen Familien gebe es das gleiche Ritual am ersten Tag des Monats.

### Die Lohntüte

In den Sechzigerjahren war es ja noch üblich, dass die Arbeitnehmer am Zahltag mit einer kleinen Papiertüte nach Hause kamen, in der der Lohn bar abgezählt war – die so genannte Lohntüte. Das, was mein Vater an diesem Tag nach Hause brachte, war genau das, was uns für den nächsten Monat zum Leben zur Verfügung stand. Große Reserven hatten wir nicht, denn schon während der Inflation waren Gelder der Familie verloren gegangen, und im Krieg waren meine Großeltern auch noch ausgebombt worden.

### Arm und dennoch reich

Mein Vater war als Verwieger in einer Zeche in Duisburg tätig. Seine Aufgabe war es nun, die Waggons zu wiegen und zu beschriften, die dann voll beladen das Gelände der Zeche verließen. Meine Mutter war nicht berufstätig. Sie kümmerte sich um unsere schwer herzkranke Oma im gemeinsamen Haushalt und um uns zwei Kinder.

Als Verwieger verdiente mein Vater nicht viel. Mit dem Geld, das er nach Hause brachte, musste meine Mutter für uns alle sorgen. Hinzu kam noch etwas Geld, das meine Oma für Kost und Logis in die gemeinsame Kasse einzahlte. Doch es war wenig, was zur Verfügung stand.

Dennoch hatte ich nie das Gefühl, arm zu sein. Ich hatte eher das Gefühl, reich zu sein. Ich hatte immer schöne Kleider. Wir hatten oft frische Blumen im Wohnzimmer. Wir besaßen einen Fernseher und später sogar ein Tonbandgerät. Meine Schwester und ich konnten die höhere Schule besuchen.

### Freitag ist Badetag

Alles, was ich brauchte, war vorhanden. In unserer Altbauwohnung gab es damals nur das Schlafzimmer meiner Eltern, ein Wohnzimmer, die Küche und das Zimmer meiner Großmutter. Meine Schwester schlief im Wohnzimmer, ich hatte eine Schlafcouch im Zimmer meiner Oma. Die Toilette war im Treppenhaus. Ein eigenes Bad hatten wir nicht. Es gab eine Waschküche im Keller, in der einmal in der Woche eine Zinkwanne aufgestellt wurde. Das Wasser für die Wanne wurde für alle Hausbewohner am Freitagnachmittag in einem Heizkessel gekocht, und nacheinander stiegen alle in die jeweils frisch gefüllte heiße Wanne im Keller, bei Kerzenlicht. Jede Familie hatte eine bestimmte Zeitspanne, in der sie dieses improvisierte Bad nutzen konnte.

## Das Geld-Spiel

So wuchs ich mit dem Bewusstsein auf, dass es nicht selbstverständlich ist, Geld zu haben. Ich erinnere mich an eine Szene. Vielleicht war ich fünf oder sechs Jahre alt. Jedenfalls war ich noch nicht in der Schule. Es war wieder einmal «Zahltag». An diesem Tag war ich schon immer ganz aufgeregt, denn dann würden wir wieder «das Spiel» spielen.

Und das ging so: Meine Mutter und ich mussten zunächst in der Küche warten. Mein Vater ging allein ins Wohnzimmer und begann, die Geldscheine aus seiner mitgebrachten Lohntüte dort zu verstecken. Nach kurzer Zeit, die mir wie eine Ewigkeit vorkam, durften meine Mutter und ich wieder herein. Dann mussten wir nach den Scheinen suchen. Mein Vater sagte nur «heiß», wenn wir nahe dran waren, oder «kalt», wenn wir weit entfernt von den versteckten Geldscheinen waren. Manchmal dauerte es ganz schön lange, weil mein Vater immer neue Verstecke fand: unter dem Teppich, zwischen den Blumen, in den Lampenschalen, im Kohleeimer in der Ecke …

Ich fand dieses Spiel toll. Ich war immer erstaunt, dass mein Vater so genau wusste, wo das Geld war, und dass er auch wusste, wann das Spiel zu Ende war.

## Jeder Pfennig zählt

Doch es gab auch Situationen, in denen trotz angestrengter Suche am Ende noch Geld fehlte. Wir konnten dann nicht aufhören zu suchen, und mein Vater begann mit uns zu suchen. Dann merkte ich, dass auch mein Vater nervöser wurde. Er hatte zwischenzeitlich auch vergessen, wo das Geld steckte. Und er wusste, dass jeder Pfennig benötigt wurde. Also suchten wir so lange, bis alles wieder in der Lohntüte war.

Nach diesem Spiel erhielt meine Mutter die gesamte Geldtüte zu ihrer Verwaltung. Mein Vater brauchte so gut wie kein Geld für sich selbst. Er hatte keine Hobbys, und wenn er was brauchte, holte er sich Geld bei meiner Mutter – wie wir anderen auch. Was für mich bei diesem Spiel klar wurde: Man muss auf das Geld genau aufpassen. Was weg ist, ist weg. Und was man hat, ist wirklich wertvoll.

## Sparsam, aber großzügig

Sparsam, aber großzügig – so würde ich meine Mutter beschreiben. Eine sehr kluge Frau, die gut mit Geld umgehen konnte und bis heute kann. Zunächst ging ein Teil des Geldes auf das gemeinsame Sparbuch, die Altersversicherung meiner Eltern. Dann ging ein Teil in ihre verschiedenen Sparbüchsen, in denen sie konsequent Geld sammelte für größere Anschaffungen.

Wenn sie zum Beispiel davon träumte, eine Waschmaschine zu kaufen, dann sammelte sie über Monate hinweg das Geld in speziellen Büchsen und ging erst dann zum Geschäft, wenn sie genug für den Kauf zusammenhatte. Dort ließ sie sich ausführlich beraten und kaufte die beste Qualität. Also nicht sofort und billig, sondern genau geplant und sehr gute Ware. Manchmal dauerte es sehr lange, bis das ersehnte elektrische Gerät angeschafft werden konnte. Aber wenn es da war, wurde es geschätzt, gepflegt und gut erhalten.

## Ohne Schulden leben

Meine Eltern haben nie Schulden gemacht. Das war wie ein Gesetz der Meder und Perser bei uns. Was man nicht hat, kann man auch nicht ausgeben. Also hieß es manchmal: warten. Und dennoch hatte ich als Kind nie das Gefühl, es fehle mir irgendetwas. In den ersten Jahren gab es pro Woche einen Riegel Schokolade für uns Kinder. Dann steigerte sich das auf eine Tafel Schokolade pro Woche.

Wir hatten viele Jahre einen eigenen Garten, aus dem wir Obst, Gemüse und Blumen erhielten. Manchmal ging ich schon vor der Schule mit in den Garten, um zu ernten. Dann wurde eingekocht und Saft gepresst, Sauerkraut gemacht oder Kartoffeln eingekellert. Meine Eltern fuhren mit dem Fahrrad, bis ins Alter hinein. Wir fuhren, soweit ich mich erinnern kann, in meiner Kindheit und Jugendzeit insgesamt viermal in den Urlaub, ansonsten genossen wir den Sommer im Garten bei uns in Duisburg-Meiderich.

## Modenschau im Wohnzimmer

Es war meiner Mutter ein Bedürfnis, andere zu verwöhnen, Alle Feste wurden nicht nur ausgiebig gefeiert, sondern wir erhielten auch großzügige Geschenke. So mancher Wunsch wurde erfüllt. Meine Mutter nähte selbst, und wir hatten immer sehr schöne Kleidung. Ostern und Weihnachten durften wir uns komplett neu einkleiden, das hieß einen Ausflug in die Innenstadt machen und neue Kleidung kaufen. Dann kam meine Mutter mit uns und unseren voll beladenen Taschen aus der Stadt zurück. Mein Vater saß startbereit in seinem Sessel und erlebte eine echte Modenschau. Er musste und wollte alles begutachten, was wir gekauft hatten, und konnte sich mit uns freuen.

### Geliebt und beschenkt

Ich war als Kind bei meinen Eltern geborgen. Sicher. Auch finanziell abgesichert. Meine Ausbildung war ihnen wichtig, und das viele Geld für Schulbücher wurde selbstverständlich aufgebracht. Klassenfahrten und Ausflüge wurden finanziert. Es mangelte mir an nichts. Im Gegenteil! Schon als Kind lernte ich, abzugeben. Wenn ich Spielsachen nicht mehr brauchte, brachte mein Vater sie zu Kindern, die noch ärmer waren als wir. Wenn ich zum Kindergottesdienst in der Kirchengemeinde ging, bekam ich fünfzig Pfennig, damals eine Menge Geld, um sie in die Kollekte zu werfen. Was ich auch brav tat. Und außerdem bekam ich dann noch zehn Pfennig, um mir ein paar Süßigkeiten zu kaufen.

### Mit wenig glücklich sein

Geld ist wichtig, aber nicht das Wichtigste im Leben. Man kann mit wenig Geld sehr glücklich sein. Man kann reich sein, auch wenn man materiell eher arm ist. Und: Man kann nur ausgeben, was man hat. Ich weiß: Ich darf mich nicht vom Geld abhängig machen. Ich muss nicht immer mehr verdienen, Karriere machen, Geld scheffeln. Nicht die Reichen sind meine Vorbilder, sondern die Menschen, die es schaffen, auch mit wenig auszukommen, die glücklich sind, mit oder ohne Geld.

### Die Insel der Seligen

Wenn ich in der Welt umherreise, sehe ich, wie privilegiert wir Menschen in Deutschland leben. Im Gegensatz zu vielen anderen Ländern scheitert bei uns die medizinische Versorgung nicht an unseren Finanzen, sondern wird durch die Krankenkassen gesichert. Unser Lebensstandard ist im weltweiten Vergleich überdurchschnittlich. Wir leben wie auf einer Insel der Seligen. Und doch beklagen wir uns häufig, wollen immer mehr. Doch das macht uns nur unglücklich. Ich möchte stattdessen dankbar sein für das gute Leben, das Gott mir ermöglicht. Und ich möchte weitergeben, was mir geschenkt wurde. Dazu brauche ich die innere Freiheit, die aus dem Vertrauen auf Gott erwächst.

### Beherrscht vom Geld?

Jesus hat gesagt: «Ihr könnt auf keinen Fall gleichzeitig Gott und dem Mammon, der Macht des Geldes, dienen» (Lukas 16,13; das buch). Durch das Vorbild meiner Eltern ist mir der Mammon bisher nicht so gefährlich geworden. Denn ich weiß, dass man gut leben kann, auch ohne reich zu sein. Und dennoch muss ich jeden Tag aufpassen, dass ich mich nicht vom Geld beherrschen lasse.

Der Mammon kann auf zweierlei Weise herrschen: Indem ich immer mehr haben will und mich der Diktatur des Geldes unterwerfe, oder indem ich mir Sorgen um mein tägliches Brot mache oder mich ständig frage, ob Gott mich wirklich versorgen wird. Also: Ganz gleich, ob wir viel oder wenig besitzen, die Frage bleibt, ob wir vom Geld und von der Sorge darum beherrscht werden oder ob wir Gott vertrauen, der für uns sorgt.

### Ein Abendessen und die Folgen

Ein uns bekanntes Ehepaar hatte sich einen wunderschönen und sehr kostenintensiven Besuch in einem Restaurant, das mit mehreren Sternen ausgezeichnet war, gegönnt. Nachdem sie die extrem hohe Rechnung beglichen hatten, wandte sich der Mann, ohne groß nachzudenken, an seine Frau und sagte: «Das war so teuer! Ich glaube, wir müssen besser haushalten. Wir sollten den Dauerauftrag an die Gemeinde kürzen!» Als er das ausgesprochen hatte, erschrak er über sich selbst. Statt zunächst daran zu denken, solche teuren Restaurantbesuche einzuschränken, wollte er an der Stelle sparen, die die Gemeinde betraf. Er tat das dann schließlich doch nicht. Aber dass er so ehrlich und offen von diesem spontanen Gedanken erzählt hat, ist mir in Erinnerung geblieben.

### Das Geld muss uns dienen!

Dient mein Geld nur mir und meinen Bedürfnissen, oder darf und soll es auch anderen Menschen dienen? Gott vertraut mir viel an, ich soll es verwalten. Ich kann ihn fragen: Wofür soll ich spenden? Was hast du, Herr, mit «meinem» Geld vor? So lernt man, sich nicht vom Geld bestimmen zu lassen, sondern das Geld für gute Zwecke einzusetzen, ohne selbst dabei zu kurz zu kommen.

«Also grübelt nicht darüber nach, was ihr essen oder trinken werdet oder womit ihr euch kleiden könnt! Alle Menschen dieser Welt, ganz egal, wer sie sind oder woran sie glauben, strengen sich an, diese Grundbedürfnisse zu sichern. Ihr habt doch einen Vater, der über allem thront! Er weiß genau, dass ihr das alles braucht.»

*Matthäus 6,31–32; das buch*

# Kapitel 19
# Unsere unbekannten Gäste

«Es war die schönste Nacht in meinem Leben!» Das könnte ein Zitat von Maria, der Mutter von Jesus, sein. Vielleicht hat sie das im Nachhinein über die Nacht gesagt, in der sie ihr erstes Kind bekam, Besuch von Engeln hatte und der Himmel über ihr offen stand. Doch dieses Zitat stammt von einer iranischen Studentin. Nach dem Heiligabend 2010 postete sie den Satz auf Facebook. Außerdem hatte sie ein Video aus unserem Wohnzimmer ins Netz gestellt, in dem wir zu sehen waren, wie wir gemeinsam mit unseren etwa fünfzehn Gästen Weihnachtslieder sangen.

### Offenes Haus am Heiligabend

Für uns war es ein Heiligabend, wie wir ihn Jahr für Jahr erleben. Seit wir verheiratet sind, laden Roland und ich neben ein paar Freunden auch alle ein, die nicht wissen, wo und wie sie Heiligabend verbringen sollen. Am 24. Dezember haben wir ein offenes Haus:

Es kommen Ausländer und Einsame, Menschen nach einer Scheidung oder Trennung, Singles, die nicht zu ihren Eltern fahren wollen oder können, Mitarbeiter, die Rufbereitschaft im Krankenhaus oder Notdienst haben und deshalb nicht wegfahren können, ausländische Studenten, die wissen wollen, wie Deutsche Weihnachten feiern, Freunde und Unbekannte. Wir hatten schon Chinesen, Afghanen, Iraner, Syrer, Franzosen und Menschen aus vielen anderen Nationen zu Gast; Atheisten und Agnostiker, Kommunisten und Moslems.

Das ist Weihnachten für mich. Freunde und Freude, Spiele und Singen, Essen und neue Einsichten, Geschenke und Gottesdienst … und das alles immer auch mit Menschen, die nicht wissen, was Weihnachten ist. Und die dann so begeistert reagieren wie jene iranische Studentin: «Die schönste Nacht in meinem Leben!»

## Unbekannte Gäste an der Krippe

Eine besondere Nacht – eine Heilige Nacht – war auch für Maria die Nacht, in der sie unbekannte Gäste bekam: die Sterndeuter. Die fanden Maria und Josef und das Kind in der Herberge. Sie waren Menschen auf der Suche, die weite Wege auf sich genommen hatten, um dem Geheimnis um das Erscheinen eines wunderbaren Sterns auf die Spur zu kommen. Sie waren Suchende, die bei Maria fanden, was sie erhofft hatten: den neugeborenen König.

Wir wissen nicht, ob unsere Gäste am Heiligen Abend auf der Suche nach Gott sind. Aber das ist klar: Sie suchen einen Ort, an dem sie Weihnachten feiern können. Immer wieder erleben wir, dass dieses Fest Türen in den Herzen der Menschen öffnet und sie auf die Spur des Glaubens bringt.

Die junge Iranerin, die zum Studium in Marburg war, blieb auch auf dieser Spur. An Weihnachten war sie gerade erst ein paar Wochen in Deutschland. Jetzt ist sie dabei, immer mehr von Jesus zu verstehen und ihm zu vertrauen.

## Kein Fest für uns allein

Weihnachten ist kein Fest für uns allein. Es ist ein Fest, das viele Menschen auf die richtige Spur setzen kann und soll. Wir können unsere Häuser öffnen und Suchende und Bedürftige, Fragende und Unwissende einladen. Das ist der Sinn des Weihnachtsfestes: Wir dürfen miteinander «schmecken und sehen, wie freundlich der Herr ist» (vgl. Psalm 34,9). Ich kann mir kein Weihnachten mehr vorstellen ohne meine unbekannten Gäste. Sie bereichern nicht nur mein Leben; sie zeigen mir auch, worum es an Weihnachten geht: Gott wird Mensch, bedürftig und schwach. Aber schon mit all dem Potenzial, das Gott in ihn hineingelegt hat. Der Retter der Welt ist geboren.

## Staunen über Gäste

Maria konnte nur staunen, wer alles an dieser armseligen Futterkrippe stand, um Jesus die Ehre zu geben. Ich kann nur immer wieder staunen, wen Gott am Heiligabend in unser Wohnzimmer einlädt. Denn eines ist klar: Er ist der Gastgeber, und wir dürfen dabei sein, wenn er Menschen aus aller Welt an seine Krippe ruft, damit sie das alte Weihnachtslied hören: «Freue dich, Welt, dein König kommt.»

«Habt keine Angst! Denn ich bin hier, um euch eine wunderbare Nachricht zu bringen! Große Freude bedeutet sie für alle Menschen. Heute ist für euch der Weltenretter geboren, der Messias, der rechtmäßige Herr, und zwar in dem Heimatort von David.»

*Lukas 2,10–11; das buch*

131

# Kapitel
# Wenn Gott redet …

Manchmal redet Gott sehr deutlich in unsere Gedanken hinein. Mitten im Alltag. Solche Impulse habe auch ich schon öfters bekommen.

Vor einigen Jahren war ich gerade in der Küche beschäftigt. Das Telefon klingelte, und ich rannte durch die Wohnung immer dem Klingelton nach. Währenddessen schoss mir ein Gedanke durch den Kopf: «Das ist ein Anruf einer Gemeinde, die dich zu einer Evangelisation als Sprecherin einladen will. Du musst zusagen!» In Sekundenbruchteilen war dieser Gedanke wieder weggewischt. Ich hatte noch nie bei einer Evangelisation gesprochen. Wieso sollte man ausgerechnet mich deswegen anrufen? Ich nahm den Hörer ab. Am anderen Ende war ein Pfarrer aus einem Nachbarort von Marburg.

### Eine Schrecksekunde

«Frau Werner, wir haben nächste Woche eine Evangelisation bei uns in der Gemeinde geplant. Jetzt ist unser Evangelist überraschend ins Krankenhaus gekommen …»

In mir überschlugen sich die Gedanken. War das wirklich wahr? Was hatte ich gehört? Ich sollte Ja sagen? Wahrscheinlich würde der Pfarrer am anderen Ende gleich nach meinem Mann fragen, der ja der Evangelist bei uns im Haus war.

Doch er fuhr fort: «… und da haben wir zunächst an Ihren Mann gedacht.»

Puh. Ich war erleichtert, es ging also doch um Roland.

«Aber dann haben wir beschlossen, lieber Sie selbst anzufragen, ob Sie drei Abende bei uns sprechen könnten!»

### Ich muss Ja sagen

Ich setzte mich hin. Jetzt musste ich also Ja sagen – das war mein innerer Impuls gewesen, bevor ich den Anruf angenommen und das Anliegen gehört hatte. Doch sollte ich das wirklich tun? Ich hatte ja gar keine Erfahrung als Rednerin bei einer solchen evangelistischen Veranstaltung, bei der direkt zum Glauben eingeladen wird. Und was, wenn ich das gar nicht konnte? Wenn das für die Gemeinde ein Reinfall werden würde? Wenn …

«Du sollst Ja sagen!»

Da war es wieder, das innere klare Reden Gottes. Also sagte ich zu, mit Zittern und Zagen. Und was soll ich sagen? Es waren drei gute Abende. Die Menschen reagierten auf die gute Botschaft. Hätte Gott nicht vorher so deutlich zu mir geredet, ich hätte bis heute noch nicht den Mut gehabt, bei einer Evangelisation zu sprechen.

### Das war nur der Anfang

Damals ahnte ich noch nicht, dass ich eines Tages Teil des Evangelisten-Teams von «proChrist» sein würde. Es war einige Jahre später. Auf der Rückreise von einem Frühstückstreffen klingelte mein Handy hartnäckig. Jemand versuchte wirklich, mich dringend zu erreichen. Ich fuhr auf den nächsten Rastplatz und rief zurück. Es war der Anruf eines Mitglieds vom proChrist-Vorstand, das mich fragte, ob ich mir vorstellen könnte, im Rahmen von proChrist zu evangelisieren. Sie seien gerade dabei, ein größeres Team zusammenzustellen. Ich weiß nicht, warum, aber ich hörte mich sagen: «Ja, warum nicht? Ich versuche ja auch bei den Frühstückstreffen, Frauen mit Jesus bekannt zu machen.»

Wir verabschiedeten uns freundlich, und ich fuhr weiter. Einige Wochen später erfuhr ich dann, wozu ich eigentlich Ja gesagt hatte: Ich war die einzige Frau im neu gegründeten Fünferteam bei proChrist, also dem Kernteam, das regelmäßig bei Evangelisationen predigte.

### Da war die Stimme weg

Meine erste proChrist-Woche stand an, und zwar in Thüringen. Ich war recht aufgeregt. Würde ich den Erwartungen gerecht werden können? Ich hatte ja bisher nur die drei Abende Erfahrung an direkter Verkündigung bei einer Evangelisation, damals in dieser Kirchengemeinde …

Und dann geschah es: Ich wurde heftig krank. So krank, dass ich kaum sprechen konnte. Ich betete um ein Wunder, denn es war mir sehr peinlich, dass ich bei meiner ersten Verkündigungswoche gleich krank war. Ich hörte schon die Kritiker sagen: «Das kommt davon, wenn man eine Frau einlädt», oder so ähnlich. Doch es blieb dabei. Meine Stimme war weg. – Mein Mann Roland und ein weiteres Mitglied des Rednerteams sprangen für mich ein. Was für ein Start in diese neue Aufgabe!

## Eine ermutigende Erfahrung

Meine zweite proChrist-Woche – oder besser gesagt, meine erste – fand dann in Korbach statt. Und das war genau der Ort, der mir den Start leicht gemacht hat. Ein starkes, motiviertes Team aus vielen verschiedenen Gemeinden, gute und wertschätzende Zusammenarbeit, viele Menschen, die sich neu oder zum ersten Mal bei Jesus festmachten. Ich war dankbar und konnte nur staunen, dass Gott mich wirklich in so eine Aufgabe berufen hat. Gott hat mich beauftragt, und er hilft auch bei jedem Schritt mit.

Wie gut, dass ich dem Impuls gefolgt war und nicht mit dem Verstand ein «Pro und Contra» veranstaltet hatte – was allerdings in vielen Fällen sehr sinnvoll ist! Ich bin nicht sicher, ob ich genügend «Pros» für meine Mitarbeit als Evangelistin bei proChrist gefunden hätte. Meine Angst hätte mich gehindert, mich der Herausforderung zu stellen. Und ich hätte viele Argumente dagegen gefunden. Mit Sicherheit.

## Gottes Geist führt uns

Was ich oben beschrieben habe, sind zweierlei Arten, wie Gott redet. Gott kann zu uns reden durch eine innere Stimme oder Erkenntnis, durch einen inneren Impuls. Er spricht zu uns aber auch durch Berufung und Bestätigung von außen. Wir alle sind darauf angewiesen, dass Gottes Geist uns führt. Nicht nur, um solche besonderen Aufträge zu empfangen. Auch im Alltag will Gott uns leiten.

Im Laufe der Jahre entwickeln wir als Christen ein Gespür dafür, wann Gott zu uns redet und wann wir einfach unseren eigenen Gedanken freien Lauf gelassen haben. Wir können seine Stimme erkennen. Ein Impuls, ein Gedanke, eine innere Aufforderung, so redet Gott in unser Leben hinein.

Wichtig ist, dass wir immer neu in der Bibel, in Gottes Wort, lesen. Hier haben wir einen Maßstab dafür, der uns hilft, Gottes Reden von unseren eigenen Gedanken zu unterscheiden.

Oft sind es nicht die großen Aufträge wie «Gehe in ein anderes Land!» oder «Ich berufe dich zum Evangelisten!». Sehr oft sind es die kleinen Gedankenblitze, Anfragen von Menschen, die darüber gebetet haben, kleine Schritte des Gehorsams, die Gott nutzt, um uns in Neuland hineinzuführen. Wir haben einen Gott, der redet und nicht schweigt. Wir müssen lernen, zu hören und zu gehorchen.

«Darum geht es: Gott war im Messias und hat die gesamte Welt mit sich selbst versöhnt und hat ihnen ihre Übertretungen nicht angerechnet. Diese Botschaft der Versöhnung hat er bei uns als festes Fundament gelegt. Wir treten als Gesandte auf, stellvertretend für den Messias. Er fordert sozusagen durch uns auf, und wir bitten an der Stelle des Messias: Lasst euch mit Gott versöhnen!»

*2. Korinther 5,19–20; das buch*

Teil 3:

# Entdeckt

# Kapitel 24
# Das Schweigen brechen

In meinen E-Mails erscheint eines Tages als Absender einer Nachricht eine kyrillische Schrift. «Spam», denke ich, doch entgegen aller Gewohnheit und unter einem inneren Impuls lösche ich sie nicht, sondern öffne sie. Mir schreibt, zum Glück in lateinischer Schrift, eine Frau mittleren Alters, die ich vor einiger Zeit auf einer Konferenz der Lausanner Bewegung getroffen hatte. Ich erinnere mich schwach an sie, sie kommt aus Kirgistan und lebt jetzt in Amerika. Ob ich bereit sei, bei einer Konferenz in Kirgistan zu sprechen?

### Ein spannendes Thema

Das Gesamtthema der Konferenz ist: «Das Schweigen brechen. Missbrauch und Heilung.» Das Thema meines Referats solle sein: «Liebt Gott die Frauen?» Zwei spannende Fragen stellen sich mir sofort: Wo liegt Kirgistan, und woher kommt diese ungewöhnliche Frage? Ist es nicht klar, dass Gottes Liebe allen Menschen gilt, Männern wie Frauen?

Angehängt an die Mail ist ein Link zu einer Fernsehdokumentation. Ich schaue sie an und erhalte Antworten. Kirgistan ist eine der früheren sowjetischen Provinzen, jetzt eine unabhängige parlamentarische Republik. Eingerahmt ist es von China, Kasachstan, Usbekistan und Tadschikistan. Das sind Länder, in denen viele Muslime leben.

Und wie kommt es zu der interessanten Frage nach den Frauen und Gott?

## Fremde Länder, fremde Sitten?

In der Fernsehdokumentation wird über den traditionellen und gesellschaftlich akzeptierten Braut-Raub berichtet. Wenn sich ein Mann verliebt, kann er mit Hilfe von Freunden die Frau von der Straße weg kidnappen und ist dann mit ihr rechtmäßig verheiratet. Die Frauen werden nicht gefragt, ob sie dieser Ehe zustimmen. Wahrscheinlich ist dieser Braut-Raub heute eher die Ausnahme. Aber es geschieht noch so oft, dass es darüber eine aktuelle Dokumentation gab.

Es gibt noch mehr Nöte für die Frauen in Kirgistan. Gewalt in der Familie und sexueller Missbrauch von Mädchen sind weit verbreitet. Viele junge Frauen werden in andere Länder verkauft, um dort als Sklavinnen im Haushalt zu helfen oder in Bordellen ihren Körper anzubieten. Dieses Phänomen gibt es in vielen ehemaligen Ostblockländern. Mir wurde klar: Das also ist der Grund für die Frage, ob Gott Frauen überhaupt wertschätzt und liebt.

## Mit Begleitung unterwegs

«Ja, ich komme gerne», schrieb ich zurück. Das Schicksal der Frauen dort hatte mich bewegt. Diese Frauen sollten hören, wie sehr Gott sie liebt und wertschätzt. Ich bat eine ehemalige Kurzzeitmitarbeiterin von WINGS*, die in Kirgistan als Kind

---

* Zu WINGS siehe die Erklärung im Nachwort.

deutscher Eltern geboren war, mich zu begleiten. Ich war sehr dankbar dafür, dass sie zusagte, denn sie sprach Russisch und konnte auch im Gegensatz zu mir die Schriftzeichen lesen. Es ist ja gar nicht unwichtig bei Reisen, dass man die Hinweisschilder entziffern kann.

## Frauen teilen ihre Not mit

Wir kamen zwei Tage vor der Konferenz in Bischkek an, der Hauptstadt von Kirgistan. Mit uns waren noch einige amerikanische Psychologinnen als Referentinnen eingeladen, was mich sehr beruhigte, denn es war ja zu erwarten, dass Frauen mit Traumata fachgerechte Hilfe benötigen würden. Wir gingen zunächst miteinander Chinesisch essen. Dann besprachen wir die Konferenz. Wir alle verstanden uns von Anfang an prächtig.

Für den nächsten Tag standen Besuche bei Projekten der Gemeinde, die uns eingeladen hatte, auf dem Programm. Wir besuchten die Ärmsten der Armen in äußerst einfachen und mit sehr vielen großen und kleinen Menschen gefüllten Hütten. Doch auch hier erfuhren wir große Gastfreundschaft. Die Leute, die wir besuchten, hatten die Teppiche auf dem Boden ausgebreitet und für uns reich mit Obst und leckeren Speisen gedeckt. Als sie hörten, dass ich in Deutschland eine Gemeinde leite, wurden die Kranken zu mir gebracht, damit ich mit ihnen um Heilung beten konnte. Viele können sich keinen Arztbesuch leisten. Da alle Christen waren, vertrauten sie darauf, dass Gott ein Heilungswunder schenken könnte. Und genau dafür betete ich dann auch mit ihnen.

### Ein Haus für Frauen

Dann besuchten wir eine Art Frauenhaus. Die Geschichten, die wir dort hörten, zeigten uns, warum diese Konferenz wirklich nötig war. So erzählte eine Frau, dass sie drei gesunde Kinder mit ihrem Mann hatte. Als ihr viertes Kind mit einer Behinderung auf die Welt kam, verstieß ihr Mann sie und schickte sie mit dem behinderten Kind auf die Straße. Er wollte das Kind nicht haben. Sie war damit geschieden. Seitdem konnte sie keinen Kontakt mehr zu ihren gesunden Kindern aufnehmen, weil ihr Mann das verboten hatte. Nun lebt sie mit dem kranken Kind in diesem Frauenhaus, denn es gibt für sie keine andere Perspektive.

Das ist nur eines von vielen Frauenschicksalen, die uns sehr bewegten. In diesem Haus lebten sie fröhlich miteinander. Ein Ehepaar, beide Christen, kümmerte sich rührend um alle Bewohnerinnen und deren Kinder. Mich hat bewegt, wie hart das Leben von Frauen sein kann. Und wie glücklich ich sein kann, dass ich ein so freies und wertgeschätztes Leben führen kann.

### Ein Ausflug in die Berge

Am nächsten Tag fuhren uns unsere Gastgeber mit mehreren Autos in die Berge, in einen Nationalpark. Dort konnten wir die wunderbaren Rundzelte, Jurten genannt, besichtigen und auch die herrliche Natur genießen.

Unser Fahrer war der Pastor der Gemeinde, in der die Konferenz stattfand. Fast alle Gemeindeglieder waren vorher Muslime gewesen, bevor sie sich für den Glauben an Jesus entschieden hatten. Das brachte für manche von ihnen große

Opfer mit sich. So hatte sich die Frau eines anderen Fahrers von ihm getrennt, weil er Christ geworden war. Er litt sehr unter der Trennung von ihr und seinen Kindern.

Ich hörte viele ähnliche Geschichten in diesen Tagen. In den jungen Gemeinden in diesem Land, die alle in den letzten zehn Jahren entstanden waren, waren Männer und Frauen gemeinsam auf der Suche nach Antworten: Wie sollen wir als Christen miteinander leben? Was sind Gottes Maßstäbe für ein Leben in Familie und Gesellschaft?

## Die junge Frau im Flugzeug

Die Initiatorin der Konferenz wanderte mit uns durch den Nationalpark. Sie erzählte auf dem Weg, dass sie im Flugzeug aus den USA nach Bischkek während der letzten Etappe ihrer Reise neben einer jungen Frau saß, die die ganze Zeit weinte. Sie sprach sie an, doch die junge Frau reagierte äußerst vorsichtig.

Erst nach einiger Zeit öffnete sie sich und erzählte ihre Geschichte. Sie war gelockt worden, als Haushaltshilfe in einem orientalischen Land zu arbeiten und viel Geld zu verdienen. Doch dort angekommen, wurde ihr der Pass weggenommen und sie hatte keine Rechte mehr über ihr eigenes Leben. Der Mann im Haus vergewaltigte sie, wann immer ihm danach war.

Nach einiger Zeit wurde sie von einer älteren Frau angesprochen, die versprach, ihr zu helfen. Doch jetzt kam es noch schlimmer. Diese ältere Frau kaufte sie frei, verkaufte sie aber zu einem höheren Preis weiter in eine andere Familie. So wiederholte sich das Leid. Die junge Frau erzählte, dass sie in dieser Zeit jeden Tag das Vaterunser gebetet hätte, um diese schrecklichen Umstände aushalten zu können. Dann wurde sie befreit. Jemand löste sie aus. Sie konnte nun nach Hause fliegen.

## Zerstörtes Vertrauen

Doch nach diesen furchtbaren Erfahrungen traute sie niemandem mehr. Auch nicht ihrer freundlichen Sitznachbarin, die nach ihrer Adresse fragte, um ihr weiterhin helfen zu können. Schon einmal hatte eine ältere Frau sie betrogen. Das sollte nicht noch einmal geschehen.

Ihre Gefühle schwankten zwischen Erleichterung, wieder nach Hause zu kommen, und der Angst vor den Begegnungen zu Hause. Was würde sie ihrer Familie erzählen? Warum kam sie mit leeren Händen zurück? Würde es ein Leben für sie geben, das ihr Würde und Anerkennung zurückbringen würde?

Was für ein Schicksal! Und leider ist das kein Einzelfall. Immer wieder hört man, dass junge Mädchen aus Ländern des ehemaligen Ostblocks in solcher Weise missbraucht und verkauft werden. Der Menschenhandel hat international eine Größenordnung erreicht, die wahrscheinlich die Zeit der Sklaverei in den USA übersteigt.

## Schaschlik im Regen

Zurück zu unserem Ausflug in die Berge: In einem kleinen Waldstück hatten Männer aus der Gemeinde über einem Lagerfeuer für uns große Fleischspieße gebraten. Mir kamen sie so groß wie Schwerter vor. Keine kleinen Schaschlikspieße, wie wir sie kennen, sondern wirklich große kirgisische Fleischspieße, die nur zu gut schmeckten.

Leider regnete es immer stärker, und unser Picknick musste abgebrochen werden. Wir fuhren zurück in unsere schöne Unterkunft und freuten uns auf den Eröffnungsabend der Konferenz.

Fast einhundert Frauen waren gekommen, auch einige Männer, die die Frauen gebracht hatten. Es waren auch Frauen aus den Nachbarländern dabei, die eigens für die Konferenz angereist waren. Junge und alte Frauen, alle dankbar und fröhlich, dabei zu sein. Dass einige Männer dabei waren, fand ich gut, denn so hörten nicht nur die Frauen die gute Botschaft, dass sie von Gott geliebt sind, sondern auch die Männer. Das ist wichtig für eine Veränderung der Mentalität. Der festliche Auftakt zur Tagung ermutigte uns, Gutes für diese Tage zu erwarten.

### Eine schlimme Nacht

Am ersten Tag gab es einige Referate und auch Austauschgruppen. Ein sehr gutes Programm, bei dem so manche Träne floss, aber auch viel gesungen und gebetet wurde. Am nächsten Tag sollte mein Referat stattfinden.

Doch in der Nacht ging es los: Erbrechen, Durchfall, hohes Fieber – wie bei einer Lebensmittelvergiftung. Am Morgen stellten wir fest: Alle Referentinnen waren krank. Es konnte nur eine der verschiedenen Speisen gewesen sein, die wir alle gegessen hatten, die nicht in Ordnung gewesen war. Manche hatte es so sehr erwischt, dass sie ganz ihre Mitarbeit an der Konferenz absagen und im Bett bleiben mussten.

Mir war klar, dass ich es auch kaum schaffen würde. Ich betete, dass Gott mir die Kraft schenken möge. Mit Immodium und Kohletabletten vollgestopft schaffte ich es, zu meinem

Vortrag in das schöne Gemeindezentrum zu kommen. Ich musste bei dem Vortrag sitzen, weil ich so schwach geworden war. Und danach ging es direkt ins Bett, denn in derselben Nacht noch musste ich nach Hause fliegen. Dass dennoch das alles überhaupt möglich war, ist mir bis heute wie ein Wunder.

### Gegenwind als Aufwind nutzen

Warum hat Gott uns dort nicht vor Krankheit bewahrt? Ich weiß es nicht. Immer wieder scheint es mir so zu gehen, dass ich bei wichtigen Terminen von irgendeiner Krankheit erwischt werde. Ich habe gelernt, mich dadurch nicht abhalten zu lassen. Gott hatte mich dorthin berufen, und er würde mir helfen. Davon war ich überzeugt, und deshalb hat mich nichts davon abgehalten, den Frauen die gute Nachricht zu bringen:

Gott liebt sie so sehr, dass Jesus für sie gestorben ist. Er schätzt sie so sehr wert, dass er nach der Auferstehung zuerst den Frauen begegnet und sie zu seinen ersten Zeugen beruft. Er nimmt sie mit hinein in seine Pläne, erfüllt sie mit dem Heiligen Geist und stellt sie in seine Arbeit.

Das konnte ich, trotz aller Schwachheit, den Frauen in Kirgistan mitteilen. Dafür hatte sich die Reise allemal gelohnt. Für die anderen kranken Referentinnen waren spontan andere Rednerinnen eingesprungen, die schon länger im Land lebten und arbeiteten. So wurde die Konferenz dennoch ein voller Erfolg mit einer positiven Langzeitwirkung.

### Frauen müssen es hören

Mir wurde bewusst, dass der Gegenspieler Gottes, der Feind des Lebens, offenbar nicht will, dass Frauen hören und wissen, wie sehr Gott sie liebt. Denn wenn Frauen sich geliebt wissen, werden sie stark. Wer seinen Wert kennt, wird seine Identität und Berufung erkennen und ausleben, ganz egal, was andere sagen. Und das gefällt dem Widersacher Gottes ganz und gar nicht, denn er will das Miteinander der Menschen auf jeglicher Ebene zerstören. Doch Gott ist stärker. Und in aller Schwachheit will er seine Größe zeigen.

Kürzlich las ich ein Zitat: «Sei so eine Frau, dass der Teufel morgens, wenn du aus dem Bett aufstehst, sagt: Oh nein! Sie ist aufgestanden.»

Liebt Gott die Frauen? Ja, und wie!

«Ich habe dich je und je geliebt, darum habe ich dich zu mir gezogen aus lauter Güte.»

*Jeremia 31,3; Luther*

# Kapitel 22
# Die Macht der Gedanken

Wer oder was prägt mein Denken? Wie beeinflussbar wir sind, zeigt sich an den gesamtgesellschaftlichen Entwicklungen der letzten Jahre, die unser Denken verändert haben. Moralische und ethische Vorstellungen haben sich auch bei uns Christen drastisch verändert. Was früher als normal galt, wird heute für erzkonservativ gehalten. Wo früher allgemeiner Konsens herrschte, ist heute eine Zersplitterung in sehr unterschiedliche persönliche Beurteilungen an der Tagesordnung.

### Was ist hilfreich?

Woher weiß ich also, dass das, was ich denke und meine, gut und hilfreich ist? Dass es Bestand hat, auch vor der nächsten Generation, die meine Generation genauso kritisch beurteilen wird, wie wir unsere Vorgängergeneration kritisiert haben?

Waren nicht unsere Eltern und Großeltern auch von dem überzeugt, was sie glaubten und taten? Hielten viele nicht auch die Gedanken und Worte, die dem damaligen Zeitgeist entsprachen, für die Wahrheit? Ließen sich nicht große Mehrheiten auch von extremen und destruktiven Meinungsmachern mitreißen, bis hin zur Verführung durch den Nationalsozialismus und das Vertrauen auf Ideologien wie den Kommunismus?

Und ließen sich nicht in unserer eigenen Generation viele Studenten von indischen Gurus oder anderen selbsternannten Propheten einfangen? Haben sich diese Strömungen nicht alle als Wahrheit ausgegeben, bis irgendwann herauskam, dass das Gegenteil der Fall war?

Oder stimmt es, was man heute denkt: Jeder Mensch entdeckt seine eigene Wahrheit? Kann es das überhaupt geben, persönliche Wahrheiten, die sich voneinander unterscheiden? Was ist Wahrheit? Wo finden wir Wahrheit?

### Eine alte Frage: Was ist Wahrheit?

Die Frage, die Pilatus während des Prozesses an Jesus stellt: «Was ist Wahrheit?» (Johannes 18,38), ist heute genauso aktuell wie damals. Pilatus erwartet nicht wirklich eine Antwort und richtet sich letztlich nicht nach der Wahrheit, sondern nach dem Ruf der Menge, und lässt Jesus kreuzigen. Die Menge ist kein guter Ratgeber, wie sich später herausstellte. Wir brauchen einen Maßstab, an dem wir unser Denken ausrichten und anhand dessen wir den Wahrheitsgehalt messen können. Unsere eigenen Gedanken sind immer gefärbt von dem, was wir von anderen Menschen aufnehmen und wie wir es interpretieren.

### Die Welt der Gedanken

Unsere Gedankenwelt ist wichtig. Sie prägt unser Handeln und unsere Hoffnung. Sie führt zu vielen bedeutsamen Einzelentscheidungen, die dann unseren Lebensweg bestimmen. Wir meinen oft, dass unsere eigenen Gedanken der Wahrheit entsprächen. Das ist aber nicht immer so. Denn die Wahrheit steht bei Gott allein fest. Jesus selbst sagt: «Ich bin der Weg, die Wahrheit und das Leben» (Johannes 14,6). Wenn das stimmt, finden wir bei Jesus die Wahrheit. Wenn es diese eine objektive Wahrheit gibt, muss sich unser Denken an ihr messen lassen.

Ja, es gibt diese eine Wahrheit, die in Gottes Wort festgehalten ist. Eine Wahrheit, die die Jahrtausende überdauert und immer und zu jeder Zeit aktuell ist. Diese Wahrheit Gottes steht immer neu den vielfältigen Ideologien entgegen, die kommen und gehen. Als Christen sind wir dieser Wahrheit verpflichtet. Sie soll unser Denken und Handeln leiten. Sie kann uns in die Freiheit führen.

### Die Gedanken überprüfen

Was in meinem Denken und in meinem Fühlen nicht mit Gottes Wort übereinstimmt, kann folglich nicht letztlich wahr sein. Ich will deutlich machen, was ich damit meine.

Wenn ich zum Beispiel denke, «Gott kann mit mir nichts anfangen, ich habe keine besonderen Begabungen», dann ist das falsch, weil Gott anders über mich denkt. Das steht in seinem Wort, der Bibel. «Der Herr ist mir erschienen von ferne: Ich habe dich je und je geliebt, darum habe ich dich zu mir gezogen aus lauter Güte» (Jeremia 31,3; Luther).

Jeder Mensch hat Gaben. Habe ich das erkannt, dann muss ich sagen: «Herr, zeige mir die Begabungen und die Fähigkeiten, die du in mich hineingelegt hast. Fülle mich mit deinem Wort. Gib mir gute Gedanken.» Das entspricht der Wahrheit Gottes, und die ist heilsam und heilbringend.

## Gedanken einfangen

Der Apostel Paulus schreibt: «Alles menschliche Denken nehmen wir gefangen und unterstellen es Christus» (2. Korinther 10,5; Hfa).

So habe ich es mir während meiner Chemotherapie vorgestellt. Wenn ich innerlich in eine Schleife des Selbstmitleids geriet oder mir einen schrecklichen Tod ausmalte, versuchte ich genau das zu tun: Meine Gedanken einzufangen. Ich stellte mir vor, ich könnte in meinem Denken kleine «Soldaten» aussenden, die meine Gedanken einfangen.

Ich hörte sie förmlich sagen: «Stopp, bis hierher und nicht weiter! Ja, ich will diese Angst nicht noch weiter schüren. Ich nehme diesen Gedanken jetzt gefangen, anstatt ihn auszuspinnen. Ich will Jesus vertrauen und nicht meinen Ängsten. Ich will meine Gedanken nicht mit Negativem füllen. Ich will Gutes denken. Ich will das denken, was Jesus entspricht, denn nur das gibt mir Kraft.»

Negative Gedanken rauben Kraft. Gute Gedanken habe ich dann, wenn Gottes befreiendes und heilendes Wort in meine Realität hineinwirkt.

## Gedanken lesen

Man sagt ja, dass Ehepaare sich nach einer Weile auch ohne Worte verstehen und die Gedanken des anderen lesen können. Eine Erfahrung lässt mich vermuten, dass da etwas Wahres dran ist:

Ich saß mit Roland im Arbeitszimmer zusammen. Dort hatten wir unsere Schreibtische einander gegenübergestellt. Ich schrieb gerade etwas, da sagte er plötzlich zu mir:

«Hör mal eben auf zu denken, ich muss mich konzentrieren!»

Ich war ganz überrascht, ich hatte kein Wort gesagt. Aber er wusste ganz genau, dass ich gerade intensiv über ein Problem nachdachte. Deshalb fiel es ihm schwer, seinen eigenen Gedanken nachzugehen.

So wünsche ich mir, dass es auch zwischen Jesus und mir steht. Ich weiß, dass er meine Gedanken kennt. Aber ich möchte im Gegenzug immer besser wissen, was er denkt, was ihn beschäftigt. Ich möchte mitbekommen, was ihm am Herzen liegt. Auch ohne Worte. Ich möchte seiner Wahrheit mehr vertrauen als den «Wahrheiten», die man um mich herum so unkritisch annimmt. Ich will durch Gottes Wahrheit meine Gedanken auf das ausrichten, was bleibt: das ewige Wort Gottes.

Das ist mein Maßstab. Jesus, der mich kennt und der meine Gedanken sortieren und ausrichten kann, korrigiert mein Denken durch sein Wort.

## Gegen den Zeitgeist

Große gesellschaftliche Veränderungen kamen oft durch Christen, die in ihrem Denken der Wahrheit Gottes verpflichtet waren und sich gegen die Meinung ihrer Zeit aufmachten.

Die Sklaverei wurde in Amerika abgeschafft, weil William Wilberforce und einige seiner Freunde sich als Christen dazu verpflichtet wussten, alle Menschen als gleichwertig anzusehen, und deshalb über Jahrzehnte bewusst einen Kampf für die Abschaffung der Sklaverei kämpften.

Die «Bekennende Kirche» stand auf gegen die Irrlehren der so genannten «Deutschen Christen», damit aber letztlich in der Konsequenz gegen das gesamte Naziregime als solches. Mit allen Konsequenzen für Leib und Leben setzten sich ihre Vertreter für die Geltung des Wortes Gottes und damit für die Wahrheit ein. Sie entschieden sich dazu, ihr Denken nicht vom Zeitgeist, sondern vom Wort Gottes leiten und prägen zu lassen.

### Und heute?

Wo lassen wir uns heute von Gottes Wort und seiner Wahrheit prägen? Wo schwimmen wir im Strom der Zeit mit? Die Gesellschaft ändert sich, und ihre Werte kommen und gehen mit den Ideologien, die sie prägen.

Mir scheint: Heute stehen wir als Christen in der Gefahr, das Denken der Gesellschaft zu übernehmen, statt es vom Maßstab der Bibel her kritisch zu bewerten und dem etwas entgegenzusetzen. Nicht selten denken wir, dass wir heute vieles besser beurteilen können als die Menschen, die uns Gottes Wort überliefert haben. Wir denken, wir hätten uns weiterentwickelt und Gott hätte das alles bestimmt nicht so gemeint, wie es die Christen über Jahrhunderte verstanden und gelebt haben und in vielen Teilen der Welt heute noch tun.

### Darf Gott Gott sein?

Darf Gott überhaupt noch Gott sein? Diese Frage beschäftigt mich zunehmend. Darf er uns noch seine Wahrheit, seine Sicht auf das Leben mitteilen? Oder basteln wir uns ein eigenes Moralsystem, das doch eher den Zeitgeist als den Geist der Bibel widerspiegelt?

Für diesen Wandel ließen sich viele Beispiele anführen: War

früher Sex vor der Ehe tabu, wird man heute als nicht ganz normal angesehen, wenn man zum Beispiel aufgrund seiner christlichen Überzeugung und dem Ernstnehmen der Bibel auf Sex außerhalb der Ehe verzichtet. Es scheint mir, dass in unserer Zeit Umweltsünden als schlimmer bewertet werden als das Töten von ungeborenen Menschen. Ich wundere mich, dass in unserer Gesellschaft auf der einen Seite Krieg verurteilt wird, zugleich jedoch Morde in Krimis und Horrorfilmen mit Genuss angeschaut werden. Und es macht mich traurig, dass uns scheinbar die Not der Menschen in der Nähe und erst recht in der Ferne kalt lässt.

Viele weitere Beispiele ließen sich anbringen, wo wir nicht konsequent Unrecht beim Namen nennen und uns nicht dafür einsetzen, dass das Recht aufgerichtet und geschützt wird. Doch Gottes Wahrheit ist unteilbar, genauso wie seine Gerechtigkeit.

Ich habe die Entscheidung getroffen, dem Wort Gottes zu vertrauen. Ich weiß, dass Gott es gut mit uns meint und dass er weiß, wie das Leben gelingen kann. Deshalb versuche ich immer wieder – und gemeinsam mit anderen Christen –, mein Denken am Wort Gottes zu messen. Ich will die Wahrheit erkennen, denn die Wahrheit macht frei.

«Wenn ihr bleiben werdet an meinem Wort, so seid ihr wahrhaftig meine Jünger und werdet die Wahrheit erkennen, und die Wahrheit wird euch frei machen.»

*Johannes 8,31–32; Luther*

# Kapitel
# Angst vor dem, was kommen könnte

Manche Menschen haben keinen Mut für die Zukunft, weil sie in Angst vor dem leben, was auf sie zukommen könnte. In Afrika gibt es eine nette Geschichte, die das Problem dieser Angst umschreibt.

### Der große Schatten

In einem kleinen Ort leben die Menschen in Angst und Schrecken. Sie bestellen ihre Felder nicht mehr. Sie lassen ihre Hütten verfallen. Sie bekommen kaum noch Kinder. Als ein Besucher im Dorf eintrifft und nach der Ursache für diese Zustände fragt, sind die Einwohner erstaunt: «Ja, hast du denn noch nichts von unserem schrecklichen Leben hier gehört? Wir haben alle furchtbare Angst vor dem Ungeheuer, das oben auf dem Berg lebt. Keiner hat es bisher gesehen, aber kurz bevor die Sonne untergeht, kann man seinen riesigen Schatten sehen. Er bedeckt dann das ganze Dorf. Das Ungeheuer wird kommen und uns vernichten. Wir haben keine Hoffnung mehr! Unsere Tage sind gezählt.»

### Überraschung auf dem Bergesgipfel

Der Besucher wird neugierig. Er fragt, ob schon einmal jemand den Berg bestiegen und das Ungeheuer zu einem

Kampf herausgefordert hat. Die Leute im Dorf verneinen entsetzt. Das würde niemand wagen. Nun ist der Besucher erst recht erstaunt. Er will es genau wissen und erklimmt den Berg. Tatsächlich. Ein großer Schatten fällt über ihn. Doch er geht weiter, und je näher er der Spitze des Berges kommt, desto kleiner wird der Schatten. Als er oben ankommt, sitzt dort ein kleiner Frosch, der von hinten von der Sonne beschienen wird. Obwohl er so klein ist, wirft er jeden Tag kurz vor Sonnenuntergang einen riesigen Schatten, der das ganze Dorf bedeckt.

### Ein freundlicher Empfang

Der Fremde spricht den kleinen Frosch an, der sich offensichtlich über Besuch freut.

«Wer bist du?», fragt er.

«Die Leute nennen mich: ‹Wasallespassierenkönnte› und haben große Angst vor mir», antwortet der Frosch.

Erleichtert macht sich der Besucher auf den Weg zurück in das Dorf. Er kann die Leute beruhigen, das Monster ist gar kein Monster. Es ist nur ein kleiner, einsamer Frosch, der in einem bestimmten Licht gesehen einen riesigen Schatten wirft. Doch werden die Bewohner des Dorfes dem Fremden Glauben schenken? Oder bleiben sie gefangen in der Angst, wenn am nächsten Abend wieder der Schatten über sie kommt?

### Die Schatten der Angst

Ich kenne auch solche Schatten wie den des kleinen Frosches, der sich wie eine lähmende Angst über mich legen kann. «Was wäre wenn?» könnte man ihn nennen. Als Jugendliche habe ich versucht, mir meine eigenen Ängste zu nehmen, indem ich mir freiwillig das Schlimmste vor Augen gemalt habe, was passieren könnte. Ich dachte, mich so auf den schlimmsten Fall vorzubereiten und ihn dann, wenn er wirklich einträte, besser bewältigen zu können.

Zum Beispiel habe ich mir vor einer Reise ausgemalt, dass ich schwer krank werden könnte. Wer würde mich dann behandeln? Würde ich nach Hause geflogen werden können? Und schon war ich eingestiegen in das Karussell der Panik. Die Reise war mir schon verdorben, bevor sie überhaupt angefangen hatte. Die Angst vor dem, was kommen könnte, wurde größer als die Freude auf das, was ich an Schönem erleben könnte.

Mit solchen selbst gemachten Ängsten hilft man sich nun wirklich nicht. Im Gegenteil. Sie nehmen Kraft und Mut und verderben den heutigen Tag.

### Den Ängsten auf den Grund gehen

Manchmal muss man den Ängsten auf den Grund gehen und sehen, was wirklich dahintersteckt. Ist es nur ein kleiner Frosch, der durch meine Projektion zu einem Riesen geworden ist? Was ist meine Grundangst, und wann und wodurch hat sie sich entwickelt? Es mag helfen, mit jemandem gemeinsam diesen Fragen nachzugehen. Wichtig ist, die Angst auf ein realistisches Maß zu beschränken. Den Grund für meine Furcht darf ich getrost Gott nennen. Er ist der Einzige, der den Schatten durch sein Licht auf mein Leben auflösen kann. Ohne Angst lebt es sich besser.

«Immer wenn ich dachte: ‹Mein Fuß gleitet aus!›,
dann hielt deine Güte mich aufrecht, HERR!
Wenn die Menge der Sorgen mein Inneres niederdrückte,
dann hat dein Trost mich wieder froh gemacht.»

*Psalm 94,18–19; das buch*

# Kapitel

# Gemeinde leben – Gemeinde lieben

Seit mehr als dreißig Jahren erlebe ich in Marburg das Wachstum des Christus-Treff mit. Angefangen als missionarisches Projekt unter Studenten ist es heute eine offene Gemeinde geworden, die vielen Menschen eine geistliche Heimat bietet. Da ich von Anfang an in der Leitung aktiv war, ist mir Gemeinde und Gemeindeleben sehr wichtig. Hier einige Gedanken dazu:

«Geh-mein.de» – so könnte man Gemeinde ein bisschen anders buchstabieren. Dann ergeben sich drei Punkte: «Geh!» – «mein» – und «Punkt.de».

«Geh!» – Das sollte die Gemeinde eigentlich tun: Gehen. Nicht stehen bleiben, sich bewegen, zu den Menschen hin, einladend und offen sein. «Geh!» – Sie ist nicht etwas Statisches, nicht ein Gebäude. Gemeinde ist gesandt und unterwegs in dieser Welt.

«Mein». Das bezieht sich nicht auf «gemein», sondern auf «mein». Meine Gemeinde. Ich komme durch unterschiedliche Predigtdienste in ganz verschiedene Gemeinden, auch im Ausland. Aber ich habe *eine* Gemeinde, die *meine* Gemeinde ist, und das ist der Christus-Treff in Marburg. Meine Gemeinde. Ich glaube, jede und jeder braucht seine oder ihre Gemeinde.

Einen Ort, wo ich sage, da gehöre ich dazu, das sind meine Leute, das ist meine geistliche Familie.

Und dann ist da noch «Punkt.de»: In der Mailadresse steht das .de für Deutschland. Das Land, in dem ich lebe. Da verorte ich mich. Da ist meine Heimat. Hier hat Gott mich hingestellt, hier diene ich ihm.

### «I love my church!»

Ich habe einen Aufkleber an meiner Bürotür: «I love my church!» – und dann geht es weiter: «Denn wer die liebt, der liebt wirklich.» Nicht, weil die Gemeinde besonders schwierig ist, habe ich diesen Aufkleber, sondern weil es uns allen oft schwerfällt, Gemeinde zu lieben. Jede Gemeinde ist ein Übungsfeld der Liebe. Deshalb hat Gott uns zusammengestellt.

Martin Luther hat einmal gesagt: «Gott hat die Kirche deshalb geschaffen, damit keiner alleine gegen den Teufel stehen muss.» Das heißt, wir sind in einer Auseinandersetzung mit dem Bösen, das uns vom Glauben wieder wegziehen will. Und wir brauchen Gemeinde, Gemeinschaft, damit wir standhaft bleiben, damit wir im Glauben gegründet bleiben. Gemeinde ist Gottes Erfindung. Er hat sich ausgedacht, dass seine Kinder gemeinsam den Glauben leben und sich in dieser Welt als seine Zeugen einbringen.

### Gemeinde ist nie perfekt

Jede Gemeinde hat ihre eigene Kultur, ihre eigene Struktur. Bestimmte Systeme entwickeln sich, mit bestimmten kulturellen und sozialen Merkmalen. Das lässt sich fast nicht verhindern. Auch wenn wir noch so sehr dagegensteuern. Gemeinde ist nicht perfekt. Egal, wie viele Bücher über Gemeindegründung, Aufbau oder Gemeindeanalyse man liest oder schreibt, man wird nie «die perfekte Gemeinde» finden, weil es immer unvollkommene Menschen sind, die die jeweilige Gemeinde formen und die in dieser Gemeinde ein Zuhause finden.

### Kein Automatismus

Gemeinde ersetzt nicht den eigenen Glauben. Ich kann nicht sagen: «Ich bin in den Gottesdienst gegangen, also ist in meinem Glaubensleben alles okay.» Ich muss mich selber versorgen mit geistlicher Nahrung und kann das nicht auf die Gemeinde abschieben. Dafür bin ich selbst verantwortlich. Ich kann selbst in Gottes Wort forschen und mich weiterbilden. Dafür ist nicht der Pastor oder Hauskreisleiter zuständig.

### Wo ist Gemeinde?

Gemeinde ist da, wo zwei oder drei im Namen von Jesus zusammen sind. Da ist er mitten unter uns, und da entsteht Gemeinde. Das hat er selbst versprochen (Matthäus 18,20). Es kommt also nicht auf die Anzahl der Anwesenden an, sondern auf Jesus in der Mitte.

Das wurde mir vor vielen Jahren einmal ganz besonders deutlich. Wir waren eingeladen, einen Gefängnisgottesdienst in einem nordafrikanischen Land zu besuchen. Dort hatte man das Gefängnis weit draußen in die Wüste gebaut. Es erschien mir eher wir eine Ansammlung von Ställen, in denen die Menschen eingepfercht waren, umgeben von einer sehr hohen Mauer. Man hatte ihnen kurze Hosen angezogen, damit sie nicht weglaufen würden, denn das Tragen von kurzen Hosen ist wie das Herumlaufen in Unterhosen für die Menschen dort. Wir im Westen ziehen kurze Hosen an, wenn es heiß ist. Für die Leute dort ist das peinlich. Man hat sie so angezogen, damit jeder schon von weitem sieht: Das ist ein Gefangener.

## Ein internationaler Gottesdienst

Wir feierten also dort einen Gottesdienst zusammen mit einer Handvoll Insassen. Hinzu kamen eine deutsche Krankenschwester, die in diesem Land arbeitete, mein Mann Roland und ich und mit etwas räumlicher Distanz die Gefängniswärter, die das Ganze bewachen und somit auch zuhören mussten.

Wir stellten schnell fest, dass wir keine gemeinsame Sprache hatten, die alle Anwesenden verstanden. Arabisch war die offizielle Landessprache, aber es gab auch Gefangene, die kein Arabisch konnten. Wir ermutigten alle, sich am Gottesdienst zu beteiligen. So wurde es ein sehr internationales Programm:

Die Krankenschwester versuchte, uns ein, zwei arabische Lieder beizubringen, und Roland predigte auf Arabisch. Danach kam die Gebetszeit: Einer der Gefangenen las das erste Kapitel des Johannes-Evangeliums auf Englisch. Zwei oder drei beteten in ihrer jeweiligen Stammessprache, und schließlich sprach noch einer zu unserer großen Überraschung das Vaterunser auf Lateinisch, wie er es wohl von einem katholischen Missionar gelernt haben muss.

Und in dieser Zeit merkten wir alle: In aller Schwachheit, Armut, ja sogar hinter Gefängnismauern irgendwo in der Wüste lebt die Gemeinde von Jesus. Gemeinde existiert da, wo er in der Mitte ist, wo wir auf sein Wort hören, wo wir mit ihm verbunden sind.

## Ich brauche die Gemeinde

Ich brauche die Gemeinde. In letzter Zeit habe ich immer wieder mal gehört, dass Christen sagen: «Ich brauche keine Gemeinde. Ich bekomme gute Impulse im Internet und auf Konferenzen. Ich höre mir gute Predigten online an.»

Es mag Situationen geben, wo das Hören von Predigten online die einzige Möglichkeit ist, geistliche Impulse von außen zu erhalten. Doch für Christen in unserem Land halte ich das für eine gefährliche Tendenz. Wir brauchen die Gemeinschaft mit realen Menschen.

«Ihr Lieben, wenn Gott uns so sehr liebt, dann ist es auch unsere Verantwortung, einander zu lieben. Niemand hat Gott je gesehen, doch wenn wir einander lieb haben, dann bleibt Gott in uns und seine Liebe ist in uns zu ihrem Ziel gekommen. Daran erkennen wir, dass wir in ihm bleiben und er auch in uns, dass er uns Anteil an seinem Geist gegeben hat» (1. Johannes 4,11–13; das buch).

Die Liebe untereinander ist das Erkennungsmerkmal der Christen. Die Liebe untereinander ist ein Zeichen, durch das Gottes Liebe sichtbar wird. Niemand hat Gott je gesehen, aber an der Liebe untereinander kann man Gott erkennen. Wenn ich nur über digitale Medien an einer Gemeinde partizipiere, investiere ich keine Liebe zu den Geschwistern und empfange auch keine Liebe durch sie.

## Einige Gedanken zur Gemeinde

Zusammenfassend möchte ich einige Grundüberzeugungen formulieren:

### 1. Wir sind verschieden und doch eins

Tatsache ist: Wir sind als Menschen sehr verschieden. Verschiedene Charaktere, verschiedene Lebensgeschichten treffen in der Gemeinde aufeinander. Das mit der Liebe füreinander ist ein schwieriges Thema und ein wichtiges Übungsfeld. Man kann manche Menschen sehr leicht lieben, weil sie einem mit ihrer ganzen Art liegen und man sofort eine Verbindung der Sympathie spürt. Und andere, die bürsten einen so richtig gegen den Strich. Und genau an denen lernen wir, was Liebe eigentlich heißt. Nicht bei denen, die man auf Anhieb mag, sondern durch diejenigen, an denen wir uns reiben, lernen wir, Menschen mit der Liebe Gottes zu lieben. Und das üben wir alle miteinander in der Gemeinde.

### 2. Gebet und Anbetung als Gemeinde

Wenn wir gemeinsam Gott loben, geschieht auch unter uns etwas. Wir beten gemeinsam Gott an, als Herrn über alles. Wir öffnen uns gemeinsam für Gottes Geist und sein Wirken unter uns, wir beten gemeinsam für die weltweite Kirche und die ganze Welt. Und dadurch wird Gott geehrt. Davon schreibt Paulus:

«Dem, der in der Lage ist, weit über das hinaus zu bewirken, was wir im Gebet erbitten oder uns überhaupt vorstellen können, gemäß der Kraft, die ihre Wirkung in uns entfaltet, dem sei Ehre gebracht in der Gottesgemeinde und im Messias Jesus in allen Generationen, von endloser Zeit bis in alle Ewigkeiten. Amen!» (Epheser 3,20–21; das buch).

Gott anzubeten verändert unseren Blick. Wir sehen von uns

weg und schauen auf Jesus, den Herrn der Gemeinde und Herrn der Welt.

### 3. Mentoring in der Gemeinde

Alle Generationen kommen zusammen – auch das ist Gemeinde. In der Gemeinde können wir uns Vorbilder suchen – bei den Jungen und bei den Alten. Die Jungen können von den Alten lernen, die Alten von den Jungen. Miteinander unterwegs sein, einander lieben lernen, einander ertragen lernen, einander tragen, so kann Gemeinde gelingen.

### 4. Geborgenheit in Krisen

Für den einzelnen Christen geht es in der Gemeinde auch darum, Menschen zu haben, die für uns einstehen, wenn wir selber nicht mehr glauben können, wenn es uns schwerfällt, wenn wir durch Krisen gehen. Geschwister zu haben, die für uns beten, die mit uns beten, uns segnen, uns ein Wort Gottes zusprechen. Die in unser Leben hineinsprechen durch das, was Gott ihnen eingibt. Die uns tragen, wenn wir uns selber nicht mehr ertragen können. Jemand oder möglichst viele Geschwister, die uns lieben und annehmen, wie wir sind, mit allen Macken und Grenzen, allen Stärken und allem, was uns ausmacht.

### 5. Korrektur empfangen und geben

Gemeinde ist auch der Ort der Korrektur und der Ergänzung. Wir entdecken im Miteinander des Teams, in dem wir uns engagieren, unsere Stärken, aber auch unsere Grenzen. Wir erleben Korrektur und Ermutigung. All das gehört zusammen. Wir erleben den Zuspruch der Vergebung. Wir erleben Versöhnung. Wir verstehen, was es heißt, wenn man sich nach einem Streit oder nach Konflikten wieder in die Augen schauen kann, weil Konflikte ausgesprochen wurden und Versöhnung stattgefunden hat.

### 6. Zu Hause sein

Wir üben in der Gemeinde ein neues Leben ein. Die Gemeinde ist der Ort, wo Gott zu Hause ist. Wir sind bei Gott zu Hause. Wir sind in Gottes Zuhause, wenn wir in der Gemeinde sind. Das ist der Ort, an dem er wohnt, an dem er lebendig unter uns ist, an dem er sich wohlfühlt, an dem er sich freut über seine Kinder.

Das wird in dem schönen Lied ausgedrückt: «Vater des Lichts, du freust dich an deinen Kindern.» Und wenn wir das singen, meinen wir nicht nur uns selbst, sondern auch den Nachbarn in der Reihe vor oder hinter mir.

So habe ich erkannt: Ich brauche meine Gemeinde. Ich brauche das Miteinander. Ich brauche einen Ort, an dem ich bekannt bin, vielleicht auch berüchtigt, aber auch geliebt. Vielleicht gefürchtet oder geachtet, was auch immer, auf jeden Fall einen Ort, wo ich hingehöre. Ich brauche diesen Ort, denn sonst kann ich meinen Glauben nicht in der Fülle leben.

Jetzt werden einige sagen: «Was ist aber mit denen, die als Christen im Gefängnis sind oder verfolgt werden?» Ja, natürlich gibt Gott dann ganz besondere Gnade und begegnet diesen Menschen auf ganz besondere Weise. Er kann all das ersetzen, was wir als Reichtum miteinander erleben. Da bin ich ganz sicher.

## Ein gefülltes Liebeskonto

Im Bild gesprochen füllen wir in der Gemeinde gemeinsam ein Liebeskonto auf. Was ich an Liebe einbringe, ändert das Klima in der Gemeinde. Denn was jeder einzahlt, kann auch jeder abheben. Das ist wie beim Konto zu Hause. Wenn alle nur abheben, ist es irgendwann leer. Einzahlen und abheben gehört in der Gemeinde dazu. Liebe investieren und Liebe empfangen gehören zusammen. Wenn das Konto gefüllt ist, bleibt Liebe für die übrig, die neu hinzukommen. Die in besonderen Notsituationen sind. Die weit entfernt in anderen Ländern Gott dienen.

## Die Gemeinde braucht meine Gaben

Sie braucht die Gaben, die Gott mir gegeben hat. Und das kann jeder für sich sagen: Die Gemeinde braucht mich. Ich habe bestimmte Gaben, die vielleicht kein anderer in dieser Kombination hat. Und selbst wenn er sie hat, gibt es genug zu tun. Also muss man nicht denken: «Das kann schon jemand anders sicher viel besser. Da muss ich mich nicht auch noch einbringen.»

Nein, wir werden gebraucht. Wenn wir die Gaben Gottes einsetzen, gibt es genug Arbeit für alle. Die Gaben sind unterschiedlich verteilt, und deswegen sollte jeder sich in der Gemeinde einbringen mit den Gaben, die er oder sie hat. Ein Gabentest kann hier helfen, den eigenen Platz zu finden. Man kann sich auch gegenseitig ermutigen und sagen: «Du kannst das gut. Versuche es doch mal, das könntest du doch gut in die Gemeinde einbringen.» Die Gemeinde braucht mich, meine Gaben.

## Die Gemeinde braucht meinen Einsatz

Gemeinde lebt davon, dass sich möglichst alle Mitglieder engagieren.

Kürzlich schaltete ich den Fernseher ein und sah ein jubelndes Stadion: Arminia Bielefeld wurde von seinen Fans gefeiert, obwohl sie 0 : 4 verloren hatten. Der ganze Fanblock war aufgestanden und jubelte, klatschte und sang. Die Fans haben ihrer Mannschaft zugejubelt, als seien sie mindestens deutscher Meister oder Champions-League-Sieger geworden. Unglaublich! Ich wünsche mir eine Gemeinde, die sich so gegenseitig ermutigt, selbst bei Niederlagen so positiv unterstützend zusammenhält. Nicht nur die Akteure auf dem Spielfeld sind wichtig. Auch die auf den Rängen werden gebraucht. Nicht zum bedingungslosen Applaus, sondern zur Unterstützung der abgekämpften und manchmal entmutigten Hauptamtlichen.

## Die Gemeinde braucht auch mein Versagen

Gemeinde braucht mich. Und auch, wenn ich versage, braucht sie mich. Denn dann kann sie an mir Barmherzigkeit lernen. Dann hat sie jemanden, auf den sie mit Liebe schauen und sagen kann: «Okay, nächstes Mal kriegst du's hin. Wir stehen zu dir.» Gemeinde braucht treue Menschen, die weit über den Moment hinaus sehen, was Gott vorhat. Durch Vergebung und Neuanfang wächst unser Glaube. Wo man versagen darf, ist man bereit, viel auszuprobieren. Wo der Kritikgeist zuschlägt, zieht man sich zurück.

**Die Gemeinde braucht meine finanzielle Unterstützung**

Vielleicht kennen Sie den Witz: «Ein Geschäftsmann und sein Freund machen zusammen eine Segeltour rund um die Welt, aber sie erleiden Schiffbruch und stranden auf einer einsamen Insel. Winzig klein, eine Palme in der Mitte und sonst nichts.

Der Freund rennt verzweifelt um die Insel, rudert mit den Armen, heult und schreit um Hilfe.

Der Geschäftsmann liegt gemütlich unter der Palme und sieht ihm eine Zeit lang zu. Dann sagt er: «Beruhige dich doch, wir werden hier nicht sterben! Ich verdiene 100.000 Euro pro Woche ...»

Der Freund unterbricht ihn: «Was nützt dir dein Geld? Du hast es nicht hier, und selbst wenn, du könntest es nicht essen, könntest dir damit kein Floß bauen ...»

Darauf kommt die Antwort: «Mein Freund, lass mich mal ausreden! Ich sagte, ich verdiene 100.000 Euro pro Woche, und ich zahle regelmäßig den Zehnten in meiner Kirchengemeinde. Vertrau mir, mein Pastor wird *alles* tun, um mich zu finden!»

Ja, die Arbeit in der Gemeinde braucht Finanzen. Und zwar nicht nur für sich selbst, sondern auch für den Einsatz für Menschen in geistlicher und in materieller Not. Sich um die Finanzierung der Gemeinde zu kümmern, ist eine Aufgabe für alle Christen, nicht nur für den Pastor. Eine Gemeinde sollte nicht von einzelnen Großspendern abhängig sein, sondern jeder, der in der Gemeinde ist, sollte etwas zu den Finanzen beitragen.

Gemeinde braucht unseren Einsatz, unser Herz, unsere Begrenztheit. Jesus liebt die Gemeinde. Und deshalb kann ich auch von ganzem Herzen sagen: «I love my church. Denn wer die liebt, der liebt wirklich!»

«[Der Messias hat die Gottesgemeinde geliebt.] Er hat sich ja selbst für sie aufgeopfert! Das hat er getan, um sie zu heiligen, also ganz auf Gottes Seite zu ziehen, und sie reinzuwaschen durch das Wort Gottes, das wie ein Wasserbad ist. Seine Absicht war es, die Gottesgemeinde ... so wunderbar herrlich werden zu lassen, dass sie keine Flecken oder Falten oder sonst irgendetwas Ähnliches hat, sondern dass sie heilig und ohne irgendeinen Fehler ist.»

*Epheser 5,25–27; das buch*

# Kapitel
# Unser Auftrag in der Gesellschaft

### Das christliche Erbe Europas

Unser Kontinent Europa ist durch das Christentum geprägt. Ohne den christlichen Einfluss, der über Jahrhunderte durch Predigt, Vorbild, Bildung und diakonische Arbeit auf unsere Gesellschaften gewirkt hat, ist Europa nicht denkbar, nicht erklärbar. Den stärksten Einfluss haben dabei die vielfältigen Erweckungsbewegungen entwickelt, verbunden mit intensivem Bibellesen in breiten Schichten der Bevölkerung. So wurde Europa zu einem Kontinent, der stark vom christlichen Glauben geprägt ist.

Natürlich sind die Ausformungen des Christentums unterschiedlich in Ost und West, in Nord und Süd. Und zugegebenermaßen gab es in der Geschichte immer wieder erhebliche Fehlentwicklungen und folgenschwere Kriege im Namen des Christentums, die eindeutig als Abweichungen von der Lehre und dem Leben von Jesus Christus einzuordnen sind.

### Das soziale Gewissen

Dennoch ist insgesamt festzuhalten, dass die christliche Geschichte Europas unser soziales Gewissen und unser Miteinander in erheblichem Maß geprägt hat. Wir verdanken die großen diakonischen und sozialen Einrichtungen in unserem Land vielen Christen. Auch die Grundpfeiler der Demokratie sind erst durch die Wurzeln im Christentum zu verstehen.

Dazu gehört auch die grundlegende Überzeugung von der Würde und Freiheit jedes Einzelnen. Auch dieser Grundwert hat seine Wurzel in der Bibel: Als Geschöpf Gottes ist jeder Mensch, egal ob gesund oder krank, gleichwertig. Jeder Mensch, ob alt oder jung, Mann oder Frau, hat eine von Gott verliehene Würde, die es zu achten und zu schützen gilt. Jeder Mensch hat ein Recht auf sein Leben in Freiheit und Würde.

## Die Überwindung gesellschaftlicher Nöte

In den vergangenen Jahrhunderten haben Christen die sozialen und gesellschaftlichen Nöte ihrer Zeit ernst genommen und nach langfristigen Lösungen gesucht. Sie sind dabei oft gegen den Strom geschwommen, haben sich damit oft auch unbeliebt gemacht. Aber sie sind ihrem an Christus gebundenen Gewissen gefolgt.

Kindergärten, Schulen, Einrichtungen für behinderte Menschen, Sterbehospize, sozialer Wohnungsbau, Krankenhäuser und vieles mehr entstammen den Initiativen von Christen.

Was für uns heute selbstverständlich zu einer menschlichen und menschenwürdigen Gesellschaft gehört, ist ein konsequenter Ausdruck der von Jesus gebotenen Nächstenliebe. Davon überzeugt, haben engagierte Christen entscheidende Anstöße zur Beseitigung von Missständen gegeben: die Abschaffung der Sklaverei, das Ende der Kinderarbeit, das Ende der Witwenverbrennung, Schulbildung für Mädchen und Jungen aus allen sozialen Schichten und vieles mehr.

## Salz der Erde und Licht der Welt

Jesus hat uns Christen zugesprochen und damit zugleich aufgefordert, das Salz der Erde und Licht für die Welt zu sein. Das gilt auch für unsere Generation, für unsere Zeit. Für mich heißt das konkret, dass ich mein Leben in den Dienst für Jesus und für viele Menschen stellen möchte. Ich möchte mithelfen, diese Welt heller werden zu lassen. Dabei ist mir bewusst, dass auch in Deutschland Menschen unterschiedlicher Religionen und Überzeugungen leben. Es wäre nicht im Sinne von Jesus, wenn ihnen etwas aufgedrängt würde.

## Ein fester Standpunkt

Toleranz und Freiheit werden da möglich, wo ich meinen eigenen Standpunkt kenne und den der anderen respektiere, obwohl ich ihn nicht teile.

Um das zu verstehen, hilft ein Bild. Nehmen wir einen Zirkel. Wenn der eine Schenkel des Zirkels fest in der Mitte steht, kann der andere große Kreise ziehen. Das bedeutet: Ich kann als Christ in meinem Gewissen an die Bibel gebunden sein und dennoch tolerieren, dass Menschen anderer Religion oder Auffassung zu ganz anderen ethischen und persönlichen Entscheidungen kommen. Ich muss nicht und kann vielleicht auch nicht gutheißen, was sie denken und tun, aber ich kann es tolerieren.

Doch weil wir in Europa in einem christlich geprägten Kontext leben, ist es möglich, auch im öffentlichen und gesellschaftlichen Leben zu an der Bibel orientierten gemeinsamen Werten zu kommen. Nur wenn wir diese Grundlagen bewahren, bleibt unser Erbe lebendig und die Basis unserer Demokratie erhalten.

## Wie Erneuerung der Gesellschaft möglich wird

Die Gesellschaft ist wie ein menschlicher Körper. Ein Zusammenspiel von vielen einzelnen Zellen, die aufeinander angewiesen sind und nur gemeinsam ein sinnvolles Ganzes ergeben. Dabei muss und kann eine Veränderung unserer Gesellschaft, unseres Landes immer nur beim Einzelnen beginnen. Wie kann solch eine Erneuerung gelingen?

### Wie kann es gelingen?

1. Wir brauchen lebendige Zellen gelebten Christseins. Und zwar eines Christseins, das ansteckt, das ermutigt zu einem selbstlosen Einsatz für andere Menschen. In der eigenen Familie, in der Nachbarschaft, in der Gemeinde, in der Politik, weltweit.

2. Wir brauchen Orte, an denen modellhaft – von Familien und Singles, von Orden und Gemeinschaften, von Gemeinden und Kirchen – in ihrem Miteinander gezeigt wird, wie das Leben gelingen kann. Wir brauchen solche Orte der Hoffnung, Orte des Auftankens und der Orientierung, Orte der Schulung für das Leben.

3. Wir brauchen mutige Christen, die neue Modelle von Arbeit und Beschäftigung entwickeln. Die arbeitslosen Jugendlichen, Flüchtlingen und älteren Mitmenschen Perspektiven und Hoffnung vermitteln. Die deutlich machen: Das Leben ist mehr als Arbeit. Und Arbeit ist mehr als Geld verdienen.

4. Wir brauchen Rahmenbedingungen der Meinungsfreiheit. Es darf nicht dahin kommen, dass im Rahmen der Ablehnung von Terrorismus und Extremismus Gesetze geschaf-

fen werden, die die Rechte der Christen oder von Angehörigen anderer Religionen einschränken. Jeder Christ, der in seinem Gewissen und in seinen ethischen Entscheidungen von der Bibel geprägt ist, braucht denselben Schutz durch den Staat, der anderen Minderheiten zugestanden wird. Es kann nicht sein, dass jemand, der bestimmte Lebensformen oder ethische Entscheidungen aus seiner christlichen Überzeugung heraus ablehnt, deshalb ausgegrenzt oder benachteiligt wird. Der Schutz der Minderheiten muss auch für Christen gelten.

5. Wir brauchen ein Klima, das den schwachen und nicht arbeitsfähigen Menschen annimmt und ihn in Würde leben lässt. Wir brauchen den Schutz des Lebens an seinem Anfang und an seinem gottgegebenen Ende.

6. Wir brauchen die Unterstützung des Staates für das Ehrenamt. Viele Vereine, Gemeinden und Einrichtungen können nur bestehen, weil sich unzählige Menschen freiwillig und unentgeltlich ehrenamtlich einsetzen. Wer sich ehrenamtlich engagiert, sollte dafür gefördert werden. Ein solches Engagement sollte sich positiv auf Rentenansprüche oder auch steuerlich auswirken.

7. Wir brauchen eine Rückkehr zur Selbstverantwortung. Und zu gegenseitiger Hilfe und Unterstützung vor Ort. Nachbarschaft, gegenseitige Unterstützung und wahre Nächstenliebe können vieles von dem auffangen, was der Staat nicht mehr finanzieren kann.

8. Wir brauchen einen Anreiz dafür, dass mehr Menschen an gemeinnützige Organisationen spenden. Es könnte so viel mehr für Bedürftige getan werden, wenn mehr Menschen

von ihrem Überfluss abgeben würden. Noch stärkere steuerliche Absetzbarkeit spielt dabei auch eine Rolle.

9. Wir brauchen Politiker, die ihr Gewissen an Gottes Geboten orientieren und sich nicht vom Wind der Meinungen und Medien dirigieren lassen. Politiker, die das Wohl der Menschen im Blick haben und nicht vorrangig ihre eigene Karriere. Dasselbe gilt für Manager und Vorstände der großen Konzerne und überhaupt für alle, die Leitungsverantwortung haben.

10. Wir brauchen ein Umdenken auf allen ethischen Feldern. Es darf nicht so weit kommen, dass der Ehrliche der Dumme ist, dass Geiz geil ist, dass jeder sich selbst der Nächste ist. Das würde zu sozialem Unfrieden führen. Wir brauchen Menschen, die sich und anderen gegenüber ehrlich und uneigennützig handeln, die gerne abgeben und teilen, die das Gebot Jesu befolgen, den Nächsten wie sich selbst zu lieben.

## Neue Hoffnung braucht das Land

Ich glaube, dass ein Ruck durch unser Land gehen kann. Ich glaube, dass die anstehenden Aufgaben angepackt und bewältigt werden können. Ich glaube, dass eine Erneuerung der Gesellschaft möglich ist. Und ich weiß, dass Christen daran schon längst einen wichtigen Anteil haben und diesen selbstbewusst und engagiert verstärken sollten, gemeinsam mit allen Menschen guten Willens. Ich hoffe, dass die Politik und Rechtsprechung in unserem Land weiterhin gute Rahmenbedingungen für diese notwendige und mögliche Erneuerung schafft oder erhält.

Als Christin will ich bewusst mit meiner Kraft mithelfen, dass das Leben lebenswerter wird. Und ich bete, gemeinsam mit vielen anderen Christen, dass Gott den Verantwortungsträgern Kraft, Mut, Vision, das richtige Augenmaß und vor allem eine große Portion Ehrfurcht vor Gott und Vertrauen auf ihn schenkt. Gemeinsam können wir das tun, was dran ist. Dabei weiß ich, dass wir mit unserem Bemühen niemals allein gelassen sind. Denn da, wo unsere eigene Kraft an ihre Grenzen stößt, ist Gott immer noch da mit seiner unendlichen Macht und seinen grenzenlosen Möglichkeiten.

«Ihr seid das Salz der Erde. Wenn nun das Salz nicht mehr salzt, womit soll man salzen? Es ist zu nichts mehr nütze, als dass man es wegschüttet und lässt es von den Leuten zertreten.

Ihr seid das Licht der Welt. Es kann die Stadt, die auf einem Berge liegt, nicht verborgen sein.

Man zündet auch nicht ein Licht an und setzt es unter einen Scheffel, sondern auf einen Leuchter; so leuchtet es allen, die im Hause sind. So lasst euer Licht leuchten vor den Leuten, damit sie eure guten Werke sehen und euren Vater im Himmel preisen.»

*Matthäus 5,13–16; Luther*

# Kapitel 26
# Vom Glauben reden lernen

Es liegt schon einige Jahre zurück. Ich saß im Wartezimmer beim Augenarzt. Mit mir vier Leidensgenossen, deren Augen auch schon im Hinblick auf die anstehende Untersuchung mit Augentropfen vorbehandelt worden waren. Unsere Pupillen waren geweitet, man konnte kaum etwas sehen.

### Eine gut gemeinte Aktion

Mit uns saß eine alte Dame in hessischer Tracht im Wartezimmer. Sie öffnete nervös ihre kleine Handtasche mit Klippverschluss und schloss sie dann wieder. Immer wieder auf und zu, auf und zu. Bis sie dann beherzt und hektisch einige Zettel aus der Tasche zog und sie uns hinhielt: «Hier, nehmen Sie und lesen Sie!», lautete ihre Anweisung.

Ich erkannte es vage: Es waren christliche Traktate, die sie uns austeilte. Das Problem in diesem Moment war: Keiner von uns konnte mit diesen weit geöffneten Pupillen überhaupt irgendetwas lesen.

Als eine Mitpatientin wohl auch deshalb dankend die Annahme des Heftchens verweigerte, stieß die ältere Dame etwas aggressiv hervor: «Sie wollen wohl nichts von Gott wissen!?»

Dann verstummte das Gespräch, und wir alle waren froh, dass wir nacheinander ins Untersuchungszimmer gerufen wurden.

## Falscher Ort, falsche Zeit

Ja, es ist nicht so einfach, vom Glauben zu reden. Der Wunsch der älteren Dame, uns von Jesus zu erzählen, war echt. Die Methode, uns Traktate in die Hand zu drücken, war an diesem Ort und zu diesem Zeitpunkt erdenklich schlecht gewählt. Ihre heftige Reaktion auf die Ablehnung des Schriftenangebots machte das Ganze nicht besser. Doch wie kann man es richtig machen? Hier einige Gedanken dazu.

## Eine großartige Aufgabe

Es ist eine großartige Aufgabe, von Jesus zu reden. Und wir sollen sie nicht nur den Experten überlassen, die öffentlich in großen Veranstaltungen oder in kleinen Kreisen das Evangelium weitergeben. Nein, wir sollten Mut haben zum ganz persönlichen Gespräch über den Glauben, ob mit einem nahen Verwandten, einem Nachbarn, einem Arbeitskollegen oder einem Fremden auf der Straße.

## Der Bettler

Jeder Christ ist ein Bote Gottes. Beim Jugendkongress Christival 1976 in Essen wurde von uns Teilnehmern ein kleines Heft zum Thema «Den Glauben weitergeben» durchgearbeitet. Darin hieß es: Von Jesus zu reden ist nichts anderes als das: «Ein Bettler sagt dem andern, wo es etwas zu essen gibt.»

Dieses Bild vom Bettler, der sein Wissen um den Ort, wo Nahrung zu finden ist, mit anderen teilt, hat mich all die Jahre begleitet. Ich habe etwas Lebenswichtiges gefunden bei Jesus. Deshalb will ich andere ermutigen, sich selbst an Jesus zu wenden. Bei *ihm* ist das Leben zu finden. Hier einige Tipps, die ich als hilfreich für die persönliche Weitergabe des Glaubens erfahren habe.

### Rede mit anderen, weil ihnen Gottes Liebe gilt

Du bist selbst jemand, den die Liebe Gottes erreicht hat. Weil Gott Menschen liebt, will er dich und mich als seine Boten gebrauchen. Wir dürfen anderen mitteilen, dass Gott sie liebt. Manche Menschen warten genau auf diese erlösenden Worte: «Du hast einen Vater im Himmel, der dich liebt!» Lass dich von dieser Liebe anstecken und zeige sie in deinem Reden und Hinhören.

### Rede so, dass dein Gesprächspartner dich versteht

Wir haben als Christen eine Art «Fachsprache» entwickelt und nutzen beim Reden von Gott oft Worte, die im Alltagsleben der Menschen nicht vorkommen. Wir sollten versuchen, uns selbst zu «übersetzen». Was meinen wir, wenn wir von Sünde sprechen? Wie kann man Begriffe wie «Gnade» oder «Heil» so ausdrücken, dass man auch als Laie versteht, worum es geht? Ähnlich ist es bei weiteren zentralen biblischen Begriffen wie zum Beispiel Gnade, Versöhnung, Buße und andere. Das Wort Sünde zum Beispiel könnte sich im Deutschen von *Sund*, also einer Trennung, ableiten. Sünde ist das, was uns von Gott trennt.

### Rede ohne Druck so, dass der andere mehr wissen will

Manchmal gelingt es uns nur, einen kleinen Hinweis auf Gott zu geben. Wir können nicht im ersten Gespräch das ganze Evangelium unterbringen. Lass die Menschen selbst neugierig werden, ihre eigenen Fragen stellen, sich selbst auf die Suche nach Gott machen. In unserer heutigen Zeit ist Gott kein

Thema mehr, über das man täglich nachdenkt oder spricht. Überrasche sie mit deinem Vertrauen auf Gott in allen Dingen des Lebens und rede ganz selbstverständlich davon. Das macht sie neugierig und offen für mehr.

Ein Beispiel: An der Kasse in Berlin, wo ich gerade für eine Tagung eingekauft hatte, fragt mich die 21-jährige Verkäuferin aus dem Osten der Stadt, ob ich viel Hunger auf Süßes habe. Ich hatte den Warenkorb voll mit Süßkram, der für einige Tage reichen sollte.

Ich antworte mit Augenzwinkern: «Das ist nicht für mich, sondern für die Teilnehmer einer Tagung. Ich hoffe, dass der Zucker uns alle lange wach hält.»

Sie lacht. «Was für eine Tagung ist das?»

«Es geht darum, wie wir Menschen in unserer Zeit davon erzählen können, dass Gott sie liebt und gute Gedanken für ihr Leben hat.»

Sie stutzt.

Ich schlucke … was kommt jetzt?

«Da sollte ich mir auch mal Gedanken drüber machen. Ich habe mit dem Glauben nichts am Hut. Aber ich gehe immer ins Altersheim und höre dort von vielen alten Leuten, dass ihnen der Glaube Kraft gibt.»

Meine Antwort: «Das ist eine super Idee. Sie müssen aber nicht warten, bis Sie alt sind. Sie können heute anfangen, nach Gott zu suchen, und mit ihm reden. Er will auch heute schon Ihr Leben sinnvoll machen.»

«Ja, vielleicht sollte ich heute damit anfangen …»

«Sie müssen das nicht allein machen. Fragen Sie die alten

Leute nach deren Glauben und suchen Sie in Ihrer Gegend eine christliche Gemeinde. Da können Sie alle Fragen stellen.»

Dann ist das Gespräch beendet, denn die Kundin hinter mir hat alle ihre Ware aufs Band gelegt und wirkt jetzt etwas genervt … Ich kann nur beten, dass die junge Frau an der Kasse sich auf den Weg macht. Bevor ich gehe, lächeln wir uns an. Etwas in ihr wurde in unserem kurzen Gespräch aufgeweckt.

### Rede, weil du überzeugt bist, und nicht, weil du überzeugen willst

Es geht nicht um bessere oder schlagende Argumente. Es gibt viele Gründe für den Glauben und auch manche, die dagegen sprechen. Mit Argumenten kann man selten Menschen gewinnen. Rede über das, was du mit Gott erlebst. Teile das mit, was dich selbst überzeugt hat. Sprich selbstverständlich von Gott, weil es für dich selbstverständlich ist, mit ihm zu leben.

### Rede, wenn dein Gesprächspartner offen ist, und nicht, weil du gerade reden willst

Es kommt auf den Zeitpunkt an. Im oben erzählten Beispiel der älteren Dame beim Augenarzt war das Problem nicht das Traktat, das verteilt wurde, sondern der Zeitpunkt und der Ort. Wir sollten immer im Blick behalten, in welchem Rahmen das Gespräch stattfindet. Hat mein Gegenüber Interesse signalisiert? Habe ich angefangen zu reden und zwinge dem anderen ein Gespräch auf, obwohl ich weiß, dass er oder sie gerade etwas anderes zu tun hat? Bete innerlich, dass Gott dir zeigt, wie viel der andere hören will und wie weit du im Gespräch gehen kannst und sollst.

### Rede einladend und nicht ausgrenzend

Manchmal bauen wir selbst in Gesprächen Barrieren ein, indem wir die Welt in «ihr Nichtchristen» und «wir Christen» unterteilen. Das hört sich dann – natürlich unausgesprochen – etwa so an: «Ich bin auf der Seite der Wahrheit, du bist noch im Dunkeln. Ich bin der Durchblicker, du bist der Unwissende, dem ich jetzt mal die Wahrheit sagen muss.» Das führt automatisch zu Abwehrreaktionen bei unserem Gegenüber. Mein Rat: Fang lieber bei dem an, was du gemeinsam mit dem anderen über Jesus weißt. Knüpfe an bei christlichen Festen, bei Fragen des Lebens und Sterbens, bei den Fragen und Nöten des alltäglichen Lebens der Menschen, mit denen du gerade redest.

### Rede, weil du es möchtest, nicht, weil du es musst

Es ist eine gute Nachricht, die uns anvertraut ist. Das Evangelium kann Leben verändern. Deshalb wollen und sollen wir es verbreiten. Doch das Weitersagenmüssen kann schnell zu einem Druck werden, der uns unfrei macht. Wir reden, obwohl wir es eigentlich gar nicht wollen. Das spürt unser Gegenüber und stellt schnell fest, dass wir aus Druck und nicht aus Überzeugung sprechen.

### Rede über Jesus, diskutiere nicht über die Kirche oder Gemeinde

Wir laden nicht primär in einen Verein oder eine Organisation ein, sondern wir reden von Jesus selbst. Von seinen Wundern, seinen Worten, seinem Leben und Sterben. Gottes Bodenpersonal ist nicht immer ein Aushängeschild für Gott. Diskussionen über das, was Christen falsch oder richtig machen, führen nicht weiter. Vielmehr sollten wir Menschen einladen zu eigenen Erfahrungen mit dem auferstandenen Jesus. Die macht man sicher auch im Zusammenhang mit Gemeinde und Kirche. Aber das ist erst der zweite Schritt.

**Rede mit deinem Gesprächspartner über Gott.**
**Rede gleichzeitig mit Gott über deinen Gesprächspartner**
Jedes gute Gespräch ist begleitet von Gebet. Bete für deine Freunde und Bekannten und sei offen für Gelegenheiten, mit ihnen über den Glauben zu sprechen. Halte deine Ohren und dein Herz offen für das, was Gottes Geist dir sagt. Er kennt dein Gegenüber, seine Gedanken und Fragen. Du führst das Gespräch nicht allein. Lass dich von Gott leiten in dem, was du sagen kannst und sollst.

Bei allen Glaubensgesprächen bleibt eins klar: Es geht nicht um Methoden, sondern um echte Begegnungen von Mensch zu Mensch.

«Setzt den Messias, den Herrn, in euren Herzen an die erste Stelle! Seid immer darauf vorbereitet, jedem eine klare Antwort zu geben, der von euch eine Begründung einfordert für die Hoffnung, die ihr in euch tragt! Tut das jedoch einfühlsam und mit Respekt vor den anderen. Und lebt dabei so, dass ihr ein gutes Gewissen haben könnt.»

*1. Petrus 3,15–16; das buch*

# Kapitel 27
# Dankbarkeit – Kultur der Wertschätzung

### Dankbarkeit – ein Grund zum Staunen

Es erstaunt mich immer wieder, dass Dankbarkeit oft genau bei den Menschen zu finden ist, die wenig besitzen und in meinen Augen eher wenig Grund zum Danken haben. So waren wir bei südsudanesischen Flüchtlingen im Nordsudan eingeladen, die uns am Rand der Wüste in ihren Papphütten noch nicht einmal einen Tee anbieten konnten, weil sie kein Geld hatten, das Wasser dafür zu kaufen, geschweige denn den Teebeutel.

Doch diese Leute strahlten vor Glück und waren Gott so dankbar, dass es mich nachdenklich über mein Leben und den Reichtum darin machte. Doch diese Erfahrung hat mich nicht nur beschämt, sondern auch aufgerüttelt, über Dankbarkeit und Wertschätzung nachzudenken. Wie oft verbinde ich Dank mit materiellen Dingen? Wie schwer fällt es mir, in dunklen Zeiten Gott zu danken? Und wie viel schwerer lässt sich alles ertragen, wenn man undankbar und negativ eingestellt ist? Brauche ich gute Gründe, um Gott dankbar zu sein, oder lerne ich, Gott in allem zu danken? Wie zeige ich meine Wertschätzung für andere Menschen? Hier ein paar Gedanken dazu.

## Dankbarkeit – ein ständiges Training

Dankbarkeit ist kein Automatismus. Es fällt uns nicht leicht zu danken. Es fehlt uns oft die Zeit und die Fantasie, Gott für all das Gute zu danken, das wir erleben, besitzen, nutzen dürfen, geschenkt bekommen. Vielleicht liegt es auch daran, dass wir zu viel davon haben und wie ein Kind dastehen, das an Weihnachten gar nicht weiß, welches Geschenk es zuerst auspacken soll? Kindern fällt es in der Fülle der Geschenke schwer, den Wert des einzelnen Geschenks zu erkennen.

Wertschätzung muss gelernt werden. Denn so wichtig wie der Sauerstoff für unser Leben ist, so wichtig ist der Dank an Gott für unser geistliches Leben. Gelebte Dankbarkeit stärkt den Muskel des Vertrauens. Wenn wir Gott danken und dadurch aktiv wahrnehmen, was wir an Gutem erleben, wächst unser Vertrauen, dass Gott es auch in Zukunft gut mit uns meint. So sagt es die erste Strophe aus dem bekannten Lied von Heino Tangermann: «Vergiss nicht zu danken dem ewigen Herrn; er hat dir viel Gutes getan. Bedenke, in Jesus vergibt er dir gern, du darfst ihm, so wie du bist, nah'n.»

## Dankbarkeit – ein Ausdruck der Liebe

Wie gut tut es, wenn wir eine Mahlzeit mit Liebe zubereitet oder ein Geschenk sehr sorgfältig ausgesucht haben und dann jemand sich ehrlich und herzlich bedankt. Es stärkt die Beziehung. Denn es geht dabei ja nicht nur um die Gabe, sondern auch um den Geber.

Ein Beispiel mag das verdeutlichen: Ein Patient im Krankenhaus bekommt von seinem Besucher Blumen geschenkt. Der Patient kann sehr unterschiedlich reagieren. Er kann die Blumen in die Ecke werfen und sagen: «Schön, dass du da bist.» Oder aber er kann sich nur noch mit den Blumen beschäftigen und den Besucher vergessen. Beides wäre dumm. Die Blumen sind ein Zeichen der Zuwendung des Besuchers. Doch auch der Besucher selbst will wahrgenommen und wertgeschätzt werden.

Gott schenkt uns so viel Gutes! Wir sollten diese guten Gaben wertschätzen und wahrnehmen und ihm dafür danken. Und gleichzeitig sollen wir sehen, wer der Beschenkende ist. Gelebte und auch durch Worte ausgedrückte Dankbarkeit führt uns dazu, Gottes Liebe anzunehmen, und auch dazu, ihn mehr zu lieben.

### Dankbarkeit – die Kraft in schweren Zeiten

«Seid dankbar *in* allen Dingen», so schreibt Paulus (vgl. 1. Thessalonischer 5,18). Leider wird dieser Vers oft missverstanden und so interpretiert, dass wir «für» alles dankbar sein sollen. Doch das hieße, diese biblische Aufforderung zu überziehen und letztlich ganz misszuverstehen. Wir müssen und können auch nicht dankbar sein für Kriege, Folter, Menschenhandel und Unrecht. Vielmehr sollten wir uns für Gerechtigkeit und Frieden einsetzen. Das gilt auch im eigenen Leben: Wir können und müssen nicht *für* alles dankbar sein. Aber wir können, auch in Schwierigkeiten und Leiden, Gott dafür danken, dass er bei uns ist und uns Kraft gibt. Gott ist da!

Das heißt aber nicht, dass er uns alles Schwere erspart. Doch er geht mit uns durch alles hindurch. Und dafür dürfen wir ihm auch in den schlimmsten Nöten danken. Dieses Danken ist ein Ausdruck unseres Vertrauens.

Das drückt die zweite Strophe in dem Lied von Heino Tangermann aus, das mich seit langem begleitet: «Du kannst ihm vertrauen in dunkelster Nacht, wenn alles verloren erscheint. Er liebt dich, auch wenn du ihm Kummer gemacht, ist näher als je du gemeint.»

### Dankbarkeit – die Freude der Erinnerung

Es ist eine schöne Idee, sich eine kleine Schatzkiste zu bauen, in der man Erinnerungen an besondere Ereignisse, schöne Tage oder Stunden sammelt. Antworten auf Gebete und auch Wunder und Führungen Gottes sollten dort gesammelt werden. In schweren Zeiten kann man sich so erinnern an das Gute, das Gott getan hat, und durch die Dankbarkeit neue Kraft schöpfen. Das Wunder der Vergebung und der Beziehung zu Gott ist immer ein Grund für Dankbarkeit.

### Dankbarkeit – der Motor des Alltags

So lautet die dritte Strophe des Liedes: «Im Danken kommt Neues ins Leben hinein, ein Wünschen, das nie du gekannt, dass jeder wie du Gottes Kind möchte sein, vom Vater zum Erben ernannt.»

Dankbarkeit öffnet mir die Augen für die Welt um mich herum. Weil ich so dankbar bin für Jesus, wünsche ich es jedem anderen Menschen auch, im Vertrauen auf ihn ein freies und frohes Leben führen zu können. Ich fange an, die Welt mit anderen Augen zu sehen.

Ich gehe zur Arbeit und bin dankbar für den Busfahrer, die Streufahrzeuge, die mir den Weg sichern, die Mitarbeiter in meiner Firma. Ich bin dankbar für Erzieherinnen und Lehrer, für Bäcker und Ärzte, für Maurer und Ingenieure, die wertvolle Haushaltshilfen erfunden haben.

Ich bin dankbar für Mittagspausen, für freie Tage und Urlaube. Ich bin dankbar für Erfolg in meinem Beruf. Ich bin dankbar für meine Familie und die Menschen, die das Leben mit mir teilen.

Diese Dankbarkeit drückt sich nicht nur im Gebet für sie aus, sondern auch in kleinen Dankes-Taten. Eine kleine Überraschung auf dem Schreibtisch, eine wertschätzende Mail, ein Anruf und eine hilfreiche Tat sind Zeichen dieser Dankbarkeit. Dankbare Menschen haben viele Freunde. Wer anderen Wertschätzung entgegenbringt, wird Dankbarkeit und Liebe ernten.

### Dankbarkeit – der Sauerstoff im Miteinander

Letztlich können wir nichts als selbstverständlich nehmen, auch nicht im Miteinander von Menschen. Wenn es gut geht, versucht jedes Mitglied in einer Familie, seinen oder ihren Teil dazu beizutragen, dass das Familienleben funktioniert. Selbstverständlich ist es dennoch nicht. Genau genommen ist es ein Grund zu danken, dass eingekauft, gespült, geputzt, geschmückt wurde. Es ist ein Grund zu danken, wenn jemand einen Streit schlichtet, sich für die anderen einsetzt und selbstlos liebt.

Dankbarkeit und ausgesprochener Dank sind der Sauerstoff, der die Beziehungen leben lässt. Gleichgültigkeit und falsche Erwartungen bringen Frust und Unlust mit sich. Dankbarkeit aber setzt Energie frei.

Wir erleben das oft bei kleinen Kindern. Sie backen uns einen Sandkuchen im Sandkasten, den wir mit viel Lob und Dank «verspeisen». Und was tun sie? Sie backen noch mehr Sandkuchen. Wieso schaffen wir es, Kinder mit Dankbarkeit und Wertschätzung zu bedenken, aber bei Erwachsenen fällt es uns schwer? Liegt es vielleicht daran, dass wir bewusst oder unbewusst in Konkurrenz mit ihnen stehen?

### Dankbarkeit – der Dünger im Garten der Gemeinde

Alle Christen sind von Gott begabt, sich in der Gemeinde und in dieser Welt zu engagieren. Der Heilige Geist teilt seine Gaben aus, wie es ihm gefällt. In der Gemeinde können sie ausprobiert, geübt und eingesetzt werden.

Vor einiger Zeit waren wir in Ruanda in einer Schule für Schreinerberufe zu Gast, als dort die Abschlusszeugnisse ausgeteilt wurden. Einzelne Schüler wurden aufgerufen und erhielten Preise. Da wir die Sprache nicht beherrschen, staunten wir, dass bei einem Schüler besonders stark applaudiert wurde. War er der Klassenbeste? Hinterher erfuhren wir, dass er der schlechteste Schüler gewesen war, der sich aber im Vergleich mit den anderen gesehen am meisten von allen verbessert hatte. Dafür bekam er diesen brausenden Applaus! Das ist eine Art von Lob und Dank, die motiviert!

So wertschätzend sollten wir miteinander in der Gemeinde umgehen. Zulassen, dass wir alle Lernende sind, uns alle noch verbessern können, alle noch in der Ausbildung sind. Deshalb sind Fehler und Unzulänglichkeiten für Gott kein Problem. Durch Lob und Anerkennung wachsen wir alle über uns selbst hinaus.

So sagt es der Refrain unseres Leitliedes: «Barmherzig, geduldig und gnädig ist er, viel mehr, als ein Vater es kann. Er warf unsere Sünden ins äußerste Meer, kommt, betet den Ewigen an.»

Ich kann mich freuen an den Gaben der anderen und zusehen, wie sie sich verbessern. Ich kann ermutigen durch Wertschätzung der Leistung. Auch die Starken brauchen Dank. Wir sollten nichts einfach als selbstverständlich ansehen.

## Dankbarkeit – Wertschätzung statt Bewertung

Wie gut, wenn in der Gemeinde die Dankbarkeit das Miteinander bestimmt! Aber leider ist oft genau das Gegenteil der Fall. Wir haben uns angewöhnt, die Mitarbeit oder die schönen Gemeinderäume als selbstverständlich zu nehmen. Auf der anderen Seite haben wir uns angewöhnt, vieles kritisch zu bewerten, wie gepredigt wird, wie moderiert wird, wie geleitet wird. Ein Erlebnis hat mir das besonders deutlich gemacht.

Ich war in einer anderen Gemeinde zum Predigen eingeladen. Ich war sehr nervös, denn das Fernsehen war dabei. Ich setzte mich einige Zeit vor Gottesdienstbeginn in die erste Reihe, um noch einmal in Ruhe meine Predigt zu lesen. Hinter mir unterhielten sich zwei Frauen:

«Die Predigt letzte Woche war sehr schlecht. Und die davor noch viel schlimmer. Mal sehen, wie es heute wird.»

Als der Pastor sich dann neben mich setzte, raunte ich ihm zu: «Sie haben hier aber ein sehr kritisches Publikum in der Gemeinde», und berichtete ihm von dem Gespräch der beiden Frauen. Er schaute sich um und sagte dann: «Das sind meine Frau und meine Schwiegermutter.»

## Dankbarkeit – Werte schätzen statt Meckern

Gehen wir in die Gemeinde, um zu bewerten? Wir sind in keiner Jury. Klar, falsche Lehren, die das Evangelium verzerren und Menschen in die Irre führen, müssen kritisiert und korrigiert werden. Prediger müssen sich auch Kritik aussetzen. Aber zunächst einmal hören wir eine Predigt doch, um mehr über Gott zu erfahren. Dankbarkeit ist angesagt für die vielen Stunden der Vorbereitung. Für den Willen des Verkündigers, mir Gottes Wort zu bringen. Das Gleiche gilt für Mitarbeiter in der Kinderarbeit, im Chor, für Hausmeister oder ehrenamtliche Mitarbeiter. Dankbarkeit setzt Kräfte frei. Lasst uns davon absehen, einander ständig zu bewerten! Wir suchen in der Gemeinde doch keine Superstars, sondern sollten vielmehr einander ermutigen, Gott zu dienen. Nichts ist selbstverständlich. Wenn wir einander danken, danken wir auch Gott, der den anderen so liebt wie uns selbst.

«Geliebte, lasst uns einander lieb haben. Denn die Liebe ist von Gott, und wer liebt, der ist von Gott geboren und kennt Gott. Wer nicht liebt, der kennt Gott nicht; denn Gott ist Liebe.»

*1. Johannes 4,7–8; Luther*

# Kapitel 28
# Ein Blick in die Zukunft der Kirche

Wie sieht die Kirche in Marburg in zwanzig Jahren aus? Das ist die Frage, die mir die Redaktion der Zeitschrift «Kirche in Marburg» gestellt hat. Hier der Versuch, einen optimistischen Blick in die Zukunft zu tun.

### Ein Wimpernschlag für Gott

Das Karussell des Lebens dreht sich immer schneller. Veränderungen überschlagen sich. Zwanzig Jahre sind für die Kirche mit ihrer langen Geschichte eher wie ein Wimpernschlag. Die Gemeinde Jesu Christi hat sich immer wieder mit den gesellschaftlichen Strömungen und dem Zeitgeist auseinandergesetzt, sich manchmal angepasst, aber immer wieder zur Mitte des Glaubens zurückgefunden: zu Jesus Christus, dem Auferstandenen. Ich bin davon überzeugt, dass er selbst durch den Heiligen Geist weiterhin für seine Kirche sorgen und sie immer wieder auf den richtigen Kurs bringen wird.

### Volle Gotteshäuser

Ich freue mich auf volle Gotteshäuser in zwanzig Jahren. Trotz aller Änderungen um sie herum wird die christliche Gemeinde wichtig für unsere Städte sein und bleiben, weil sie Gott ins Spiel bringt und von ihm her immer wieder auch den Wert und die Würde des Menschen in den Mittelpunkt stellt. Jeder Mensch ist ein geliebtes Geschöpf Gottes, gesund oder krank, am Anfang und am Ende des Lebens und jede Sekunde zwischendrin. Durch diese Überzeugung wird sich die Kirche stärker abheben vom Mainstream der Gesellschaft. Sie und ich als Teil der Kirche, wir gemeinsam, stellen heute die Weichen für Leben und Glauben der Kirche in unserer Stadt in zwanzig Jahren.

## Ehrenamt im Aufbruch

Es zeichnet sich ab, dass wir mit weniger Finanzen durch Kirchensteuern und mit mehr Spenden und ehrenamtlichem Engagement Gemeinde gestalten müssen. Darin liegt eine große Chance. Die Zukunft der Kirche liegt im gleichberechtigten Miteinander von Ehrenamtlichen und Hauptamtlichen, von Theologen und Laien.

## Solidarität der Christen

Wo jetzt noch theologische Differenzen zwischen den Kirchen stehen, wird sich eine Solidarisierung ergeben, denn als Christen werden wir zunehmend eine kritisch betrachtete Minderheit sein. Der Stimme der Kirche wird nicht mehr ohne weiteres gefolgt werden, aber sie wird umso mehr Orientierung geben können in einer Welt, in der alles beliebig wird. Die Kirche muss heute den Bestrebungen widerstehen, sich selbst einen Gott zu erschaffen, der so ist, wie wir ihn gerne hätten. Wir dürfen uns kein eigenes Bild von Gott machen, sondern wir müssen dem lebendigen Gott vertrauen, wie er sich in Jesus Christus offenbart hat und in der Heiligen Schrift bezeugt ist. Das wird Widerspruch hervorrufen, vor dem wir uns aber nicht fürchten müssen.

## Kreative Zugänge

Wir werden erleben, dass in zwanzig Jahren die Gemeinden wachsen und auf kreative Weise Menschen für den Glauben begeistern. Wir werden uns freuen über Kinder, Jugendliche und Studenten, die unvoreingenommen nach Gott fragen und auf neuen Wegen ihren Zugang zur Gemeinde finden. Wir werden als Gemeinden fröhlich miteinander in dieser Stadt unseren Glauben bekennen und einander mehr wertschätzen, trotz aller Unterschiede. Wir werden für alte Menschen ein Zuhause schaffen, in dem sie bis zum letzten Atemzug geachtet und geliebt werden.

## Gott wohnt bei uns

Marburg wird ein Ort sein, an dem Gott zu Hause ist. In den Herzen vieler Menschen und in seiner Kirche. Gott ist willkommen in Marburg. Heute und in zwanzig Jahren. Ich wünsche der Kirche in Marburg – und in allen unseren Städten und Dörfern –, was Johannes im Buch der Offenbarung so ausdrückt:

«Und ich hörte eine große Stimme von dem Thron her, die sprach: Siehe da, die Hütte Gottes bei den Menschen! Und er wird bei ihnen wohnen, und sie werden sein Volk sein und er selbst, Gott mit ihnen, wird ihr Gott sein.»

*Offenbarung 21,3; Luther*

# Kapitel
# Fasten und Feiern

Wissen Sie, wo ich immer wieder gute Anregungen für leckere Speisen bekomme? In einer Fastenklinik. Das mag im ersten Moment absurd klingen. Aber wer schon einmal in einer solchen Klinik war, weiß, dass fast jeder dort über das Essen spricht. Ich habe vor fast zwanzig Jahren damit begonnen, wenn möglich einmal im Jahr in diese wunderbare Malteser-Fastenklinik in der Rhön zu fahren.

### Saft und Tee

In den ersten Jahren habe ich dort richtig gefastet, um die schädlichen Restbestände einer Chemotherapie loszuwerden und meinen Körper von den Giften zu reinigen. Mittlerweile genieße ich dort die guten Therapien und das schmackhafte vollwertige Essen. Doch gehöre ich zu den wenigen, die während ihres Aufenthalts Nahrung zu sich nehmen. Fast alle, die dort sind, fasten freiwillig und aus vollster Überzeugung. Manche aus religiösen Gründen, doch viele auch aus gesundheitlichen Gründen.

Und doch wird bei jeder Mahlzeit – und das ist in der Klinik für die Fastenden morgens ein Glas Möhrensaft, mittags eine Gemüsebrühe und abends ein Tee mit einem Esslöffel Honig – mit wachsender Begeisterung übers Essen gesprochen. Die besten Rezepte werden ausgetauscht, es wird an den Tischen in Erinnerungen an Lieblingsgerichte geschwelgt, über den letzten Braten, das letzte Stück Kuchen vor dem Fasten gesprochen, und es werden bereits Pläne gemacht, was man alles kochen wird, wenn man erst wieder zu Hause ist.

## Die Feste feiern, wie sie fallen

Und wissen Sie, wo am meisten über das Abnehmen gesprochen wird? Bei großen Festen und Feiern. Da sagt man entschuldigend, wenn jemand auf den reichlich gefüllten Teller schaut: «Ab morgen wird gefastet.» Oder: «Ich muss unbedingt abnehmen. Aber heute schmeckt es so gut.» Und dann essen wir und denken ans Fasten. Und wir sagen: «Man muss die Feste feiern, wie sie fallen.»

## Fasten und Feiern

Jesus hat gefastet. In der Wüste, ganz zu Beginn seiner öffentlichen Tätigkeit, fastete er vierzig Tage. Und er hat gefeiert mit seinen Jüngern. Sein erstes öffentliches Wunder war die Wasser-in-Wein-Verwandlung bei einer Hochzeit. Er sorgte sich bei anderer Gelegenheit um das leibliche Wohl seiner 5000 Zuhörer und vermehrte fünf Brote und zwei Fische, damit alle mehr als satt werden konnten. In der Ausgewogenheit von Fasten und Feiern liegt das Geheimnis. Fasten und Feiern – das gehört bei Jesus zusammen. Und genau das wurde ihm vorgeworfen von den frommen Leuten um ihn herum. Sie wunderten sich, dass Jesus und seine Jünger so fröhlich feierten, wo doch die Jünger von Johannes streng asketisch lebten und fasteten und beteten.

## Fasten als Mittel zum Zweck

Wir Christen fasten, wenn wir ein besonderes Anliegen vor Gott bringen wollen. So hat es auch das Volk Israel getan. Als Haman das Volk Israel bedrohte und plante, es zu vernichten, rief Königin Esther ihre Volksgenossen zum Fasten auf (Esther 4). Die Erinnerung an die wunderbare Errettung damals wird heute noch von den Juden in aller Welt in ihrem fröhlichen Fest Purim gefeiert.

Als die Jünger Jesu zu ihm kamen und ihm berichteten, dass sie nicht in der Lage waren, bestimmte böse Geister auszutreiben, sagte Jesus: «Diese Art kann durch nichts ausfahren als durch Beten und Fasten» (Markus 9,29; Luther).

Dennoch ist das Fasten kein Mittel zum Zweck und auch keine unfehlbare Methode. Wir können Gott durch unser Fasten zu nichts zwingen. Vielmehr hilft das Fasten uns selbst, uns ganz auf unser Anliegen zu konzentrieren. Aber ob wir fasten oder nicht, ist vor Gott letztlich nicht ausschlaggebend dafür, ob er und wie er antwortet.

## Feiern und Fasten

Auf meinem Weg mit Jesus kann ich verzichten, und mit ihm kann ich genießen. Und das gilt nicht nur für das Essen. Auch Entbehrungen auf Reisen oder festliche Empfänge gehören zu meinem Leben. Ich schlafe manchmal auf Konferenzen in teuren Hotels und genieße den Luxus – auch wenn ich dankbar bin, dass ich dazu eingeladen bin. Und ich schlafe genauso gut in den Hütten der Menschen in armen Ländern, die mich zu sich nach Hause einladen. Ich kann beides: es mir gut gehen lassen und mit wenig auskommen. Und ich lerne immer neu, in allem dankbar zu sein.

Diese Erfahrung drückt der Apostel Paulus in seinem Brief an die Christen in Philippi so aus: «Ich habe längst gelernt, mit der Situation zurechtzukommen, in der ich mich befinde. Ich kann ganz bescheiden leben, ich kann aber auch den Überfluss annehmen. In jeder Lage, ja, in allen Umständen kann ich mich zurechtfinden: Sattsein oder Hungern, im Überfluss leben oder Mangel erleiden. Ich bin zu allem fähig durch den, der in mir mit seiner Kraft wirkt» (Philipper 4,11–13; das Buch).

Gott hat andere Prioritäten als wir. Ihm geht es weniger um das Fasten an sich als um unser Umdenken. Im Fasten löse ich mich von allem, was ich zu brauchen meine. Im Feiern danke ich Gott für alles, was ich durch ihn habe. Fasten und Feiern gehören zusammen wie zwei Seiten einer Münze.

«Das aber ist ein Fasten, an dem ich Gefallen habe: Lass los, die du mit Unrecht gebunden hast, lass ledig, auf die du das Joch gelegt hast! Gib frei, die du bedrückst, reiß jedes Joch weg!»

*Jesaja 58,6; Luther*

# Kapitel
## Vertrauen lernen

Was es heißt, zu vertrauen, habe ich einmal sehr anschaulich erlebt, als ich mit Roland und einigen einheimischen Männern in Westpapua im Dschungel unterwegs war. Es war mein erster Besuch in diesem faszinierenden Land. Wir wurden zu einem «Spaziergang» eingeladen. Dieser führte uns für einige Stunden mitten durch den tropischen Regenwald. Wir rutschten auf allen vieren, wir schleiften uns durch Schlamm und krochen über Lianen und Baumstämme. Ich war erschöpft.

### Die starke Hand

Auf dem Weg zurück mussten wir einen viel tiefer gelegenen, reißenden Fluss überqueren, in dem man große Felsbrocken liegen sah. Der einzige Weg hinüber führte über einen einzelnen Baumstamm, glitschig und schmal. Es gab keinen anderen Weg. Ich musste diesen Stamm überqueren.

Vor mir ging ein einheimischer Mann, der, wie alle anderen seines Stammes auch, deutlich kleiner war als ich. Und ich bin ja auch nicht die Größte! Er stieg rückwärts auf den Stamm und reichte mir seine Hand. «Nicht gerade vertrauenserweckend», schoss es mir durch den Kopf.

Ich reichte ihm meine Hand, als er schon auf dem Balken stand. Seine Hand war stark und sein Griff so fest, dass ich mich etwas sicherer fühlte. Ich machte die ersten Schritte, schaute auf den Fluss und fing an zu schwanken. Seine Hand griff umso stärker zu. Ich schaute intuitiv zu ihm hin, wurde wieder sicherer und überquerte den Stamm mit zitternden Knien und klopfendem Herzen. Dabei sah ich ihn die ganze Zeit an. Und dann war es geschafft, wir waren sicher auf der anderen Flussseite angekommen.

## Halten und gehalten werden

Erst als ich dort am anderen Ufer stand und zusah, wie Roland ebenfalls Schritt für Schritt an der Hand über den Balken geführt wurde, merkte ich, was ich gerade getan hatte. Es sah sehr gefährlich aus. Was hatte mich, den Angsthasen und unsportlichen Typen, dazu gebracht, solch eine Überquerung zu schaffen?

Die Antwort: Ich hatte die Sicherheit des Mannes aus Papua durch den Zugriff seiner starken Hand gespürt. Ich spürte, dass diese Hand mich halten kann und wird. Dass ich nicht abstürzen werde, nicht abstürzen kann, solange ich diese Hand festhalte. Durch das Vertrauen in diesen kleinen Mann mit starker Kraft wurde ich selbst mutig. An seiner Hand konnte ich das schaffen, was ich alleine nie gewagt hätte. So kam ich unbeschadet auf der anderen Seite des Flusses an.

## Die Blickrichtung ist wichtig

Für mich ist dieses Erlebnis zu einem Gleichnis geworden. So wie mich dieser hilfsbereite, starke Mann festhielt, so ist es Gott selbst, der mein Leben festhält.

Gott streckt mir seine Hand entgegen, möchte, dass ich einschlage. Dass ich ihm vertraue. Aus dem Vertrauen wächst dann der Mut, Schritte zu gehen und scheinbar unmögliche Hindernisse zu überwinden. Je mehr ich von Gott weiß und kenne, desto mutiger kann ich ihm folgen. Je mehr gute Erfahrungen ich mit Gott gemacht habe, desto einfacher ist es für mich, auch in unsicheren Situationen mutig voranzugehen, weil ich weiß, dass Gott geholfen hat und helfen wird.

Und noch etwas wurde mir klar: Ich durfte nicht auf die Umstände sehen – den reißenden Fluss unter mir mit den großen Felsbrocken –, sondern den anschauen, der mich führte und festhielt. Auch das trifft auf mein Verhältnis zu Gott zu. Das ist der Weg des Vertrauens: ihn anschauen, ihm vertrauen, seine Hand spüren und mutig vorangehen.

Vertrauen will gelernt sein.


«Ich will dich unterweisen und dir den Weg zeigen, den du gehen sollst; ich will dich mit meinen Augen leiten.»

*Psalm 32,8; Luther*

# Eine Einladung:
## Bei Gott zuhause sein

**Erlebt, erzählt, entdeckt.** Das waren die Leitworte in diesem Buch. Ich habe von Erfahrungen und Erlebnissen berichtet, hier in Deutschland und darüber hinaus. Ich habe Einblicke in mein Denken, Fühlen und Glauben gegeben. Und ich habe versucht, einige meiner Einsichten und Überzeugungen deutlich zu machen. Das, was mich trägt und auch in Zukunft tragen wird, ist die Gewissheit, dass wir unser wahres Zuhause bei Gott finden. In allem Auf und Ab des Lebens habe ich erfahren: Gott ist immer nahe. Er ist immer erreichbar. Bei ihm bin ich geborgen. Bei ihm bin ich wirklich zu Hause.

Und das gilt nicht nur für mich. Nein, das ist die gute Nachricht für alle. Deshalb möchte ich dazu einladen, Sie ganz persönlich, sich ebenfalls ihm anzuvertrauen und bei Gott Ihre wahre Heimat zu finden. Ich habe ein Gebet formuliert, das Sie zu ihrem eigenen machen können. Sie finden es auf der folgenden Seite.

# Ein ganz persönliches Gebet

Lieber Vater im Himmel,
aus deiner Hand komme ich.
Du bist mein Ursprung und mein Ziel.

Ich bitte dich,
dass du auch die Mitte in meinem Leben wirst.
Ich will mich dir öffnen.

Ich glaube, dass du mich liebst.
Das hast du mir durch Jesus Christus gezeigt.
Herr, ich vertraue, dass du mein Leben führst.
Ich möchte, dass du die Leitung meines Lebens übernimmst.

Danke, dass du meine Schuld vergibst
und mir hilfst,
mich nach dir zu richten
und mein Leben zu verändern.

Leite und gestalte mein Leben so,
wie du es dir vorstellst.
Zeig mir, was du mit mir vorhast.
Ich weiß, dass das das Beste für mich ist.

Danke, dass du bei mir bist,
ganz gleich, wo ich bin.
Danke, dass ich bei dir zu Hause sein darf.

Amen.


Wenn Sie sich so im Gebet an Gott wenden, dürfen Sie vertrauen, dass er Sie hört und erhört. Jesus hat es uns versprochen: «Wer zu mir kommt, den werde ich nicht hinausstoßen» (Johannes 6,37).

Ich wünsche Ihnen ganz persönlich, dass Sie die Gewissheit finden, bei Gott zuhause zu sein, heute, morgen, an jedem Tag und in Ewigkeit.

Gott segne Sie!

*Ihre Elke Werner*

# Nachwort:
# Die Arbeit von Elke Werner und WINGS

Elke Werner, geboren 1956 in Duisburg-Meiderich. Lehrerin für evangelische Religion und Kunst, wohnt in Marburg. Sie ist verheiratet mit dem Sprachwissenschaftler und Theologen Roland Werner.

Elke Werner ist Leiterin des Christus-Treff Marburg, Referentin bei Konferenzen und Frühstückstreffen für Frauen sowie Verkündigerin bei proChrist. Sie arbeitet mit im Präsidium von World Vision Deutschland und im Vorstand der internationalen Lausanner Bewegung.

Auf ihren Reisen in aller Welt ist es ihr Anliegen, Frauen zu ermutigen und zu unterstützen. Das tut sie im Rahmen ihrer WINGS-Arbeit. WINGS steht im Englischen für «Women in God's Service» (Frauen im Dienst Gottes). Das englische Wort *wings* heißt übersetzt Flügel. Es ist mit dem deutschen Wort «Schwingen» verwandt.

Nur allzu oft und überall auf der Welt werden Mädchen und Frauen «die Flügel gestutzt». Ihre Sehnsucht nach Freiheit und ihr Wunsch, sich zu entfalten, werden schon früh durch kulturelle und religiöse Einstellungen reduziert auf ein geringes Maß an Bewegungs- und Entwicklungsfreiheit. Frauen brauchen Ermutigung. Sie brauchen jemanden, der ihnen hilft, sich von den Fesseln zu lösen und Gottes guten und gerechten Plan für ihr Leben zu entdecken.

Dazu will Elke Werner helfen. Durch Vorträge, Predigten, Evangelisationen, Konferenzen und persönliches Mentoring. Das alles wird nur möglich, weil sich Freunde und Freundinnen hinter die Arbeit stellen und sie im Gebet und mit ihren Gaben begleiten.

Wenn Sie mehr Informationen über WINGS und die Arbeit von Elke Werner erhalten möchten, dann schreiben Sie uns:

wings@jesus-gemeinschaft.de

www.wingshomepage.com/de

oder:

Elke Werner

Steinweg 12

35037 Marburg

Deutschland

Falls Sie unsere Arbeit unterstützen möchten, finden Sie hier unsere Bankverbindung:

Empfänger: Christus-Treff e.V. / WINGS

Kreditinstitut: Sparkasse Marburg-Biedenkopf

Kontonummer: 1000 40 20

IBAN: DE24 5335 0000 0010 0040 20

SWIFT-BIC: HELADEF1MAR

Verwendungszweck: WINGS, Ihr Name und Adresse, wenn Sie eine Zuwendungsbescheinigung benötigen.

(Eine Zuwendungsbescheinigung wird durch Christus-Treff e.V. ausgestellt.)